関ヶ原合戦の謎99

かみゆ歴史編集部

イースト新書Q
Q030

はじめに

この世は得てして、「ホント」っぽいことは「ウソ」、「ウソ」っぽいことは「ホント」という出来事が多くある。本書でこれから解説をする「関ヶ原の戦い」もその一つだろう。

慶長《けいちょう》5年（1600）9月15日、美濃（岐阜県）は関ヶ原の地で、徳川家康《とくがわいえやす》率いる東軍と石田三成《いしだみつなり》率いる西軍の、両軍合わせて15～20万ともいわれる兵力がぶつかりあった。この大会戦は「天下分け目」と形容されるに相応しく、戦いに勝利した徳川家康はその後天下を掌握し、幕府を開いて約250年続く江戸時代を作りあげることになる。

関ヶ原の戦いは戦国時代のクライマックスらしく、全国の武将らが否応なく巻き込まれ、さながら群像劇の体をなしている。そこで紡がれる物語も、「石田三成と大谷吉継《おおたによしつぐ》の友情」「義にもとるため家康を追撃しなかった上杉景勝《うえすぎかげかつ》」「小早川秀秋《こばやかわひであき》の裏切り」「島津義弘《しまづよしひろ》による敵中突破」など、魅力的なエピソードに溢れている。

しかし、よく知られるこれらのエピソードは、果たしてホントなのだろうか？　どこまでが史実で、どこからが後世の創作なのだろうか。

また、合戦のストーリーを追っていくと、素朴な疑問に出会うことがままある。三成はなんであんなに嫌われていたのか？　これほどの大軍同士の衝突がわずか半日で決着がついたのはなぜか？　その時、豊臣家は何をしていたのか？　などなど。そうした素朴な疑問に答え、よく語られるエピソードのホントとウソを見極めながら、関ヶ原の戦いの真相を提示しようというのが、本書の目的のひとつである。

本書では、「前夜編」「本戦編」「地方編」「戦後編」の4章構成で関ヶ原の戦いの全貌を追う。まず、「前夜編」では秀吉の死を契機として、東軍と西軍が関ヶ原の地で衝突するまでの流れを解説する。続く「本戦編」では、9月15日の関ヶ原の戦い本戦の経過を追った。本戦は1日で決着がついたが、関ヶ原の戦いの特徴は東軍と西軍の争いが全国に波及した点である。「地方編」では、こうした各地で繰り広げられた関ヶ原に連動する戦いに目を向けた。そして最終章の「戦後編」では、関ヶ原の戦いから江戸幕府開府までの動きを追い、この合戦が日本史に与えた影響について解説した。一つ一つの疑問や謎に答える形で構成しつつ、関ヶ原の戦い全体の流れを理解できるようにしている。

本書を通して、何がホントで何がウソかを読み解き、戦国史上最大の戦いである関ヶ原の戦いをより深く楽しむきっかけになれば幸いである。

かみゆ歴史編集部

関ヶ原合戦の謎99●目次

前夜編　戦国最大の戦いはなぜ起こったのか

本戦編 東軍勝利の秘訣とは

地方編 全国の武将を巻き込んだ争乱

戦後編　関ヶ原の戦いがその後の日本を変えた？

関ヶ原直前の領国分布

南部利直
最上義光
前田利長
前田利政
伊達政宗
上杉景勝
佐竹義宣
徳川家康
織田秀信
福島正則
石田三成
長束正家
凡例
名前 東軍
名前 西軍
名前 内応軍
中立及び不明

東西両軍の石高比

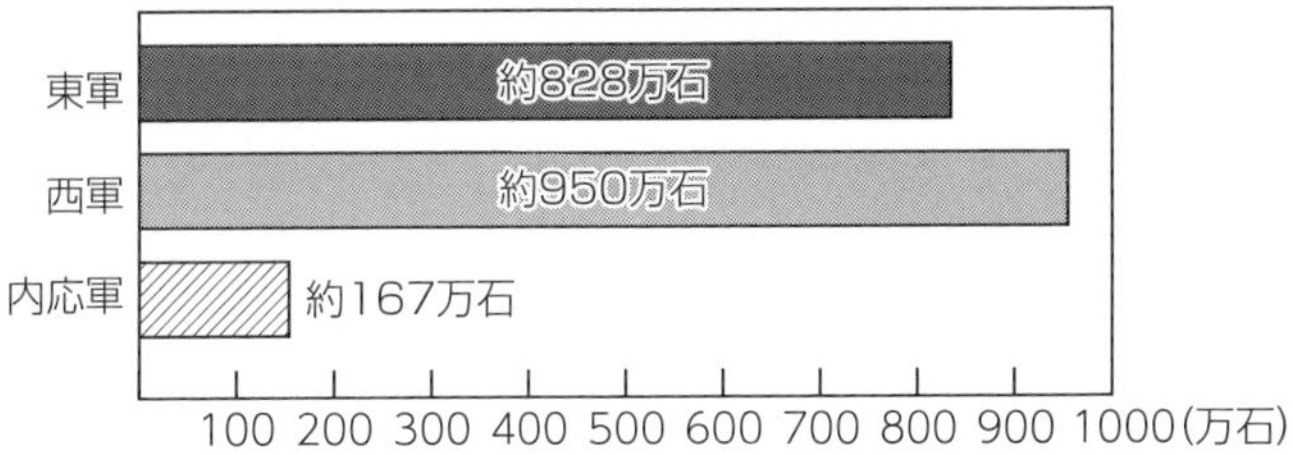
東軍
約828万石
西軍
約950万石
内応軍
約167万石
100 200 300 400 500 600 700 800 900 1000(万石)

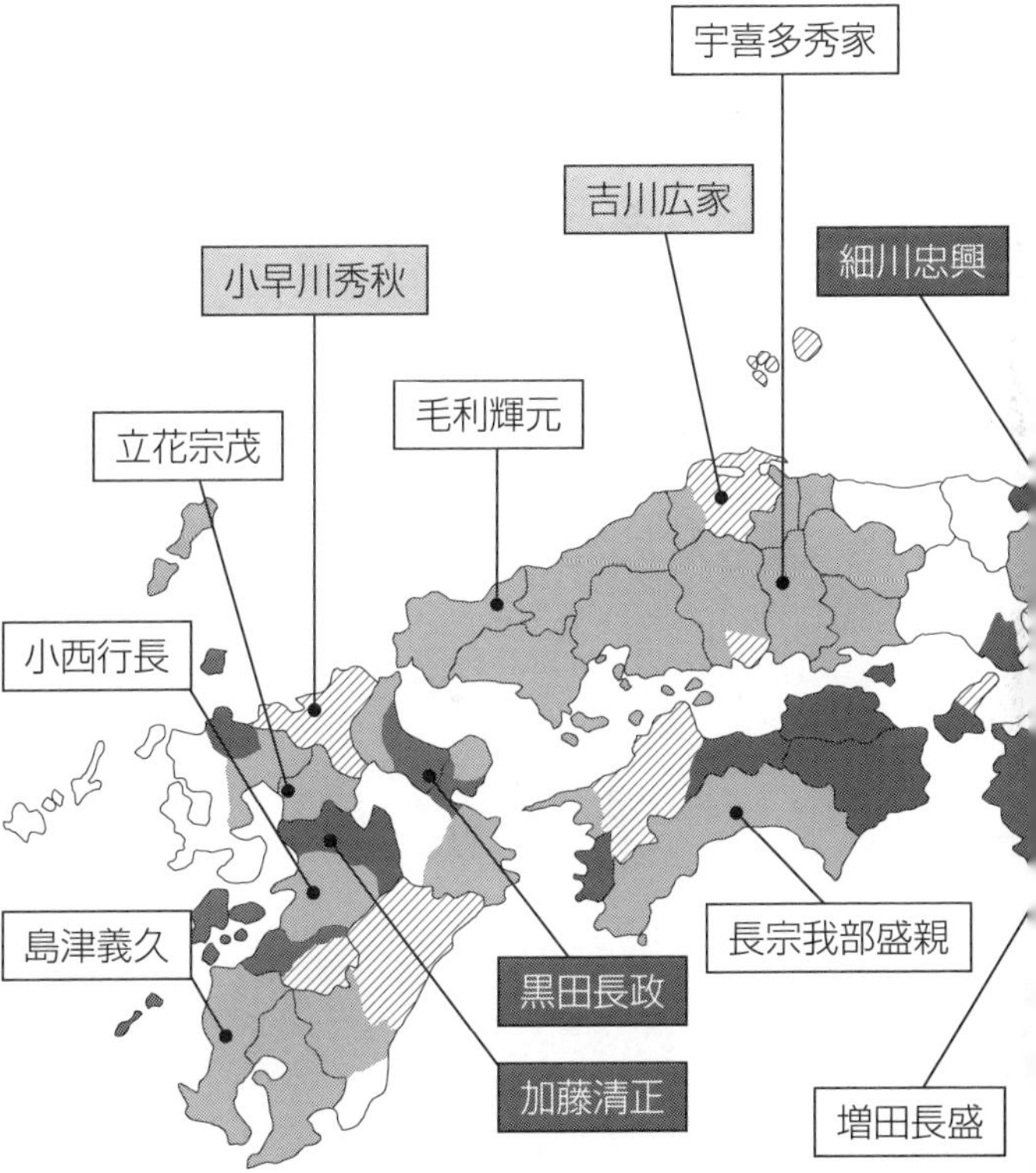
宇喜多秀家
吉川広家
細川忠興
小早川秀秋
毛利輝元
立花宗茂
小西行長
島津義久
黒田長政
加藤清正
長宗我部盛親
増田長盛

関ヶ原の戦い　関連年表

	開戦まで	日付	東軍	西軍
慶長3（1598）	2年前	8月18日	豊臣秀吉没す→Q1	
		11月20日	朝鮮からの撤兵完了→Q2	
慶長4（1599）	1年前	1月19日	前田利家らが家康の縁組みを責める→Q3	
		1月29日		石田三成が家康襲撃を図る→Q7
		閏3月3日	前田利家、大坂で没す→Q4	
		閏3月4日	石田三成が七将に襲撃される→Q5、6	
		閏3月9日	徳川家康が三成に蟄居を命じる→Q6	
		9月		上杉景勝が会津へ帰国
		10月2日	家康暗殺計画の罪で浅野長政らが蟄居→Q7	
		4月	徳川家康が直江状に激怒→Q10、11	

慶長5（1600）

4か月前	5月	前田利長が母を人質として家康に差し出す→Q7、69	
3か月前	6月16日	会津征伐のため大坂を出発→Q13	
63日前	7月11日		石田三成が大谷吉継と家康追討を密談→Q16
62日前	7月12日		佐和山城で謀議を行い毛利輝元を総大将に→Q14、18
57日前	7月17日		『内府ちがひの条々』を発布→Q15
56日前	7月18日		丹波田辺城の攻略に向かう
55日前	7月19日	増田長盛より三成謀議の報が届く→Q19	伏見城を包囲する→Q23
53日前	7月21日	家康が上杉討伐のため江戸を立つ	
50日前	7月24日	犬伏の別れ→Q21 伊達政宗が上杉領の白石城を攻める 三成挙兵の報が届く→Q19	
49日前	7月25日	小山評定が行われる→Q19	
45日前	7月29日		三成、大坂城に入る
43日前	8月1日		伏見城を陥落させる→Q23
39日前	8月5日	家康が江戸に到着→Q27	西軍が伊勢に侵攻→Q66
33日前	8月11日		三成、大垣城に入る→Q35
23日前	8月21日	東軍先発隊が美濃に進軍	
21日前	8月23日	福島正則らが岐阜城を陥落させる→Q31	
20日前	8月24日	美濃赤坂に陣を構える	
19日前	8月25日		安野津城攻略→Q66

慶長5(1600)

開戦まで	日付	東軍	西軍
14日前	9月1日	家康が江戸を発つ→Q27	
13日前	9月2日	秀忠軍が小諸に到着→Q29	
9日前	9月6日	秀忠軍が上田城を攻める→Q28、29	
8日前	9月7日		大津城を包囲→Q25
6日前	9月9日	秀忠軍が小諸に撤収	上杉軍が最上領に侵攻→Q62
2日前	9月13日	細川幽斎が丹波田辺城を開城→Q68 黒田如水と大友義統が石垣原で戦う	→Q73、74
1日前	9月14日	家康が美濃赤坂の本陣に到着→Q40 西軍、関ヶ原に移動	島左近が杭瀬川で東軍に攻撃を仕掛ける→Q36 →Q39
0日	9月15日	**関ヶ原の戦い**	
3日後	9月18日	三成の本拠・佐和山城攻略→Q78	上杉軍が長谷堂城を攻撃→Q61、62、63、64 石田正継・正澄が自害→Q78

年	経過	日付	出来事
慶長5(1600)	4日後	9月19日	加藤清正が宇土城を攻撃→Q76
慶長5(1600)	6日後	9月21日	石田三成が捕らえられる→Q81
慶長5(1600)	10日後	9月25日	毛利輝元が大坂城退去→Q80
慶長5(1600)	16日後	10月1日	三成、安国寺恵瓊、小西行長が斬首→Q83
慶長5(1600)	18日後	10月3日	島津義弘が薩摩に帰国→Q55、87
慶長5(1600)	57日後	11月12日	家康、黒田如水に停戦命令
慶長6(1601)	9か月後	6月3日	上杉景勝が降伏→Q85
慶長7(1602)	2年後	4月11日	島津家の所領安堵→Q87
慶長8(1603)	3年後	2月12日	家康が征夷大将軍に就任→Q96
慶長8(1603)		4月22日	豊臣秀頼が内大臣に就任→Q96

関ヶ原本戦　当日の推移

慶長5（1600）年9月15日　天気／雨のち曇り

1時頃	●前日の夜7時頃に大垣城を出た石田三成が、笹尾山に布陣する
2時頃	●東軍に石田三成「関ヶ原」に向かうとの報告が入る ●家康が諸将に出撃命令を発する
3時過ぎ	●福島正則、黒田長政を先頭に進軍開始
4時頃	●西軍の島津義弘が布陣
5時頃	●先頭の福島正則が関ヶ原に到着
6時頃	●東軍諸将の布陣が完了する
8時頃	●松平忠吉と井伊直政が宇喜多秀家に向けて発砲、合戦の火蓋が切られる
9時頃	●三成本陣に黒田・細川・加藤勢が押し寄せ激戦となる
9時30分頃	●黒田勢の側面射撃によって島左近が負傷
10時頃	●石田三成が東軍に向けて大砲を発射する ●徳川家康が桃配山の本陣を前線に移動させる
11時頃	●笹尾山から小早川秀秋・毛利秀元に向けて「進軍せよ」との狼煙が上がるも毛利秀元動かず**【宰相殿の空弁当】** ●小早川秀秋が裏切るか否か逡巡して動かず
12時頃	●家康が小早川秀秋陣に鉄砲を撃ちかける**【問鉄砲】** ●小早川秀秋が裏切りを決意し大谷吉継勢へ突進 ●大谷吉継自刃
13時頃	●西軍が潰走をはじめる ●石田三成は再起を期して伊吹山方面へ落ちのびる
14時頃	●島津義弘が敵中突破して戦線を離脱する**【島津の退き口】**
15時頃	●南宮山の毛利秀元らが撤退 ●関ヶ原での戦いが終了する
夕方	●家康が首実検を行う ●小早川秀秋ら寝返り組が佐和山城攻めの先鋒を申し出る

※時間は一部推測を含む。また経過・出来事についても諸説ある。

前夜編

戦国最大の戦いは
なぜ起こったのか

Q1 豊臣秀吉が死んだ時点での徳川家康の勢力はどのくらい？

慶長《けいちょう》３年（１５９８）８月18日、天下人と呼ばれた太閤《たいこう》・豊臣秀吉《とよとみひでよし》が死んだ。

この時、大坂には秀吉の後継、秀頼《ひでより》を補佐する政府機関、五大老（徳川家康《とくがわいえやす》、前田利家《まえだとしいえ》、毛利輝元《もうりてるもと》、上杉景勝《うえすぎかげかつ》、宇喜多秀家《うきたひでいえ》）と五奉行（石田三成《いしだみつなり》、前田玄以《まえだげんい》、浅野長政《あさのながまさ》、増田長盛《ましたながもり》、長束正家《なつかまさいえ》）が設けられていた。秀吉死後も豊臣の天下を途切れさせないためである。

そんな政治の中心にいる彼らの力関係、すなわち石高はどんなものだったのだろうか。まずは秀吉の竹馬の友であり古くから秀吉に臣従してきた前田利家84万石、越後の虎・上杉謙信《けんしん》の跡を継いだ上杉景勝１２０万石、中国地方の覇者、毛利輝元１２１万石。秀吉の猶子である宇喜多秀家57万石。後に家康と関ヶ原で相対する石田三成19万石。その中にあって、徳川家康は２５６万石。豊臣家の直轄領（蔵入地）２２２万石を超え、毛利・上杉の倍という群を抜いた高さだった。

これは亡き秀吉による作戦だった。名声のある家康が豊臣の敵となることを秀吉は危惧

豊臣政権下の主な武将の石高

西軍	封地	石高
毛利輝元	安芸広島	121
上杉景勝	会津若松	120
島津義久	薩摩鹿児島	61
宇喜多秀家	備前岡山	57
佐竹義宣	常陸水戸	55
小早川秀秋	筑前名島	36
鍋島勝茂	肥前佐賀	31
長宗我部盛親	土佐浦戸	22
前田利政	能登七尾	22
毛利秀元	周防山口	20
石田三成	近江佐和山	19
織田秀信	美濃岐阜	13
吉川広家	出雲富田	11

東軍	封地	石高
徳川家康	武蔵江戸	256
前田利長	加賀金沢	84
伊達政宗	陸奥大崎	58
堀秀治	越後春日山	30
福島正則	尾張清洲	24
最上義光	出羽山形	24
細川忠興	丹後宮津	23
加藤清正	肥前熊本	20
黒田長政	備前中津	18
蜂須賀至鎮	阿波徳島	18
池田輝政	三河吉田	15
中村一忠	駿河府中	15
堀尾忠氏	遠江浜松	12

※万石以下は四捨五入
※豊臣家の石高（蔵入地）は222万石

していた。そのため、関東で覇を唱えた北条家を滅ぼした小田原征伐の後、秀吉は当時湿地帯であり本領の三河や大坂から遠く離れた関東に家康を移した。石高は倍になったが、政治の中心から遠ざけて身動きをとれなくする。それが秀吉の行った家康対策だ。

もちろん、家康も秀吉の意図はよくわかっていた。秀吉が生きている間はそれに耐えて従順な振りをしていたが、亡くなってしまえば彼の持つ石高が他を牽制する材料となる。家康は耐えることを知る男である。秀吉死すという混乱の中、彼は秀吉が与えてくれた立場を最大限に利用し、天下を窺いはじめていた。

Q2 秀吉死後すぐに家康が豊臣家を滅ぼさなかった理由は？

秀吉がこの世を去った時、家康は心身ともに健康で石高や位も充分にある（Q1）。反して秀吉の後継はまだ幼い秀頼。大名たちの結束力も弱く豊臣家には家康の敵になりそうな人物はほとんどいなかった。唯一、家康が恐れていた男といえば、多くの人に慕われている豊臣古参の大名・前田利家くらいである。しかし彼は老境にあり病がちで、それほど長くはなさそうであり、秀吉という屋台骨を失った豊臣は崩壊寸前だった。この混乱の最中であれば、家康が豊臣家を滅ぼすことなど簡単だったはずだ。しかし彼が実際に豊臣を滅ぼし天下を手中に治めたのは、秀吉の死から15年近く経ってのことだった。なぜすぐに動かなかったかといえば、その頃は天下を狙える状況になかったためである。

その理由は、秀吉の晩年にはじまった朝鮮出兵。文禄《ぶんろく》・慶長の役は秀吉死後も終わってはおらず、まだ多くの兵が秀吉の死を知らされないまま戦っていた。何より優先すべきことは、朝鮮からの兵の引き揚げ及び撤兵の混乱を収めることだ。実際、家康は秀吉の死から7日後には朝鮮半島への使者を出発させ、石田三成や浅野長政らを撤兵管理のために博多へと派遣している。秀吉の亡くなったその年は、混乱を収めることで手一杯だった。

もちろん、このような状態なので大坂には隙がある。もし家康が全力で反乱を起こし、秀頼を質に取れば一気に天下は覆ったかもしれない。しかしこの時期に反乱などおこせば、反家康派に大義名分を与えてしまう。あの秀吉でさえ最期まで家康の存在を恐れながら、それでも彼を殺さなかった。いくら乱世でも理由なく殺せば人はついてはこない。仮に天下がとれても一時的なものになる。そのことは三日天下で終わった明智光秀《あけちみつひで》の件を実際に見聞きした家康だからこそ、身に染みてわかっていただろう。朝鮮問題が片づいた翌年、秀頼は秀吉の遺命に従って大坂城へ居を移した。秀頼を守るのは家康以外の大老と三成を中心とした五奉行だ。家康は大坂城には入らず、伏見で公儀に当たることとなる。家康にとって幸いなことに、大坂の大名たちの絆は弱い。そこで、家康は虎視眈々《こしたんたん》と大名たちと婚姻関係を結ぶことで、派閥を広げていこうとする。

この時、家康に一番必要だったものは「天下をとるための大義名分」と「親家康派を増やすこと」である。この用意周到な彼の動きこそ、後世に狸おやじと揶揄される要因のひとつなのかもしれない。

Q3 関ヶ原の戦いの遠因となった家康の**婚姻密約問題**とは？

かつて秀吉が諸大名に禁じたことがある。それは私闘と大名間の無許可の縁組みだ。大名同士の絆が深くなれば豊臣の天下を揺るがすことになりかねない。それを危惧した秀吉は、大名間同士の縁組みを禁じる。しかし家康は秀吉の死後、それを堂々と破った。

秀吉の死後半年後、朝鮮出兵問題が落ち着くやいなや、家康は自身の六男・忠輝《ただてる》と伊達《だて》政宗《まさむね》の娘とを婚姻させた。さらに姪や親類の娘を養女にした上で、福島正則《ふくしままさのり》、蜂須賀家政《はちすかいえまさ》の息子との縁組みも積極的に進める。政宗は奥州一円を支配下に置く大名であり、正則、家政は秀吉の古くからの家臣である。

そんな家康の行動を知り、驚いたのは家康以外の大老と五奉行だ。早速、生駒親正《いこまちかまさ》、中《なか》村《むら》一氏《かずうじ》、堀尾吉晴《ほりおよしはる》ら三中老を家康の元へ派遣、事情を問い詰めさせた。理由によっては家康の大老解任も辞さず、という厳しさを含む使者であった。この騒ぎを聞きつけた加藤清《かとうきよ》正《まさ》、黒田如水《くろだじょすい》（官兵衛）、福島正則、蜂須賀家政、細川忠興《ほそかわただおき》といった面々が伏見の家康邸を

家康の婚姻政策

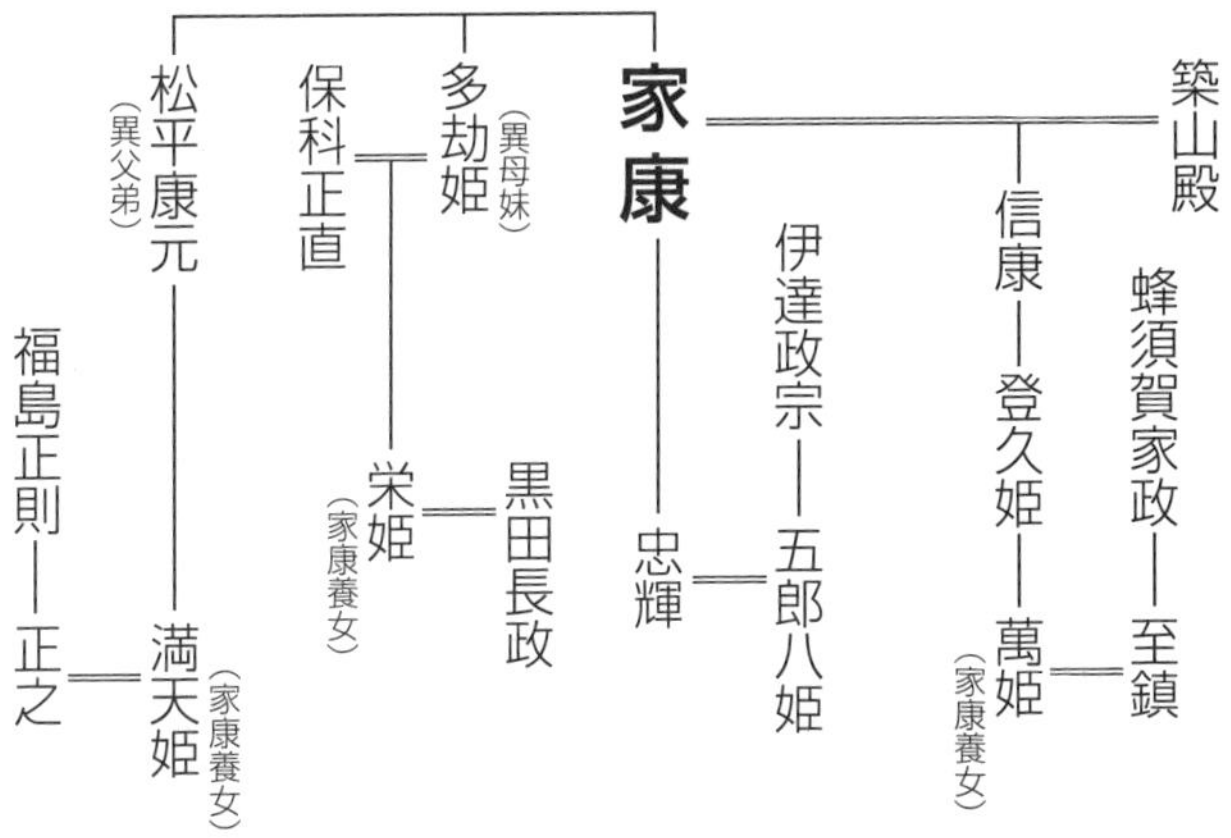

防衛すべく集結する。続いて徳川の兵も護衛のために伏見へと駆けつけ、大坂と伏見の間に一触即発の空気が漂う。

結果、五奉行と四大老は家康の動きの早さに舌を巻き、詰問どころの話ではなくなってしまう。最終的に、家康が「追及を受けたことは遺恨に思わない」とする起請文を四大老・五奉行と交わし、両者は和解した。しかし、罪を犯したはずの家康が許され、大義名分を持つはずの大坂が折れた。この事件は、家康の影響力の大きさや恐ろしさを大名たちに見せつけるだけの結果となってしまう。これをきっかけとして三成の中に反家康の決意が灯ったのかもしれない。

Q4 もし前田利家が生きていたら家康の**独断専行**はなかった？

秀吉の死後、大坂で大名たちを取り仕切っていたのは家康でも三成でもなく前田利家である。彼は豊臣に長く仕えた人物であり、秀吉は死に際して息子の秀頼を頼むと託したほど信任を寄せていた。若い時代には「槍の又佐《またざ》」とも呼ばれていた武勇の人だ。武だけでなく交渉役にも向いていたとみえ、文武両道の才があったという。秀吉だけでなくその子飼いの将にも一目置かれ、秀吉死後の大坂は利家を中心にまとまっていたと言っても過言ではない。天下取りをすでに視野に入れていた家康が、真におそれていたのは、三成ではなくこの利家の存在だった。

家康が秀吉の命令を破り、大名の息子へ自分の娘を嫁がせて婚姻関係を結んだことは前述した（Q3）。当然のことながら、利家もこの事で家康に詰め寄っている。さすがの家康も、多くの大名の中心に立つ彼と事を構えるのは愚策と考えたのだろう。彼が反家康の立場にたてば、多くの大名がそちらに流れることはわかりきっている。そこで、婚姻密約問

前田利家肖像（東京大学史料編纂所所蔵模写）

題が不問となった後、細川忠興を仲介役にたてて家康は利家との仲を修復している。わざわざお互いの屋敷を訪問しあったのは、世間に対する宣伝だろう。さぞ緊迫感のある会合だっただろうが、家康は利家との和睦を叶えた。

しかしすでに病身だった利家は、その数日後に安堵したかのようにこの世を去った。秀吉とともに乱世を駆け抜けた英雄であった。

もし彼が後十年長く生きることができたならば、家康の世はなかったかもしれない。彼の死は、大坂の土台が崩れたことを意味した。すなわち家康の天下取りのはじまりである。

Q5 三成を襲った七将襲撃事件の黒幕は家康なのか?

秀吉死後の大坂は絶妙のバランスで均衡を保っている状況だった。それを支えていたのは秀吉に信頼を受けていた前田利家だ。しかし彼の死後、バランスが崩れ加藤清正率いる七将が三成を襲う事件が勃発。朝鮮出兵の際、戦に消極的な態度を取った清正のことを三成が秀吉に讒言《ざんげん》し、清正が謹慎となる事件があった。清正はそのことで三成を逆恨みし、それが利家死後に爆発したといえる。利家が亡くなったまさに翌日、三成襲撃事件は起きたのだ。襲撃を察知した三成は伏見へ逃げ込み籠城。一触即発状態だったが、家康が間に入りことなきを得る。しかし三成は奉行職を解かれ、自城である佐和山への蟄居《ちっきょ》となった。この事件、三成の政権を奪うために家康が仕込んだ、という説もある。老獪な家康からしてみれば武断派の清正らを煽ることなど造作もないことだっただろう。そして三成が政治の舞台から消えたことで、家康の専横はますます目立つようになっていく。しかし当然のことながら証拠などはなく、家康犯人説も推測の域から出ないのが実情だ。

Q6 七将襲撃事件の際に三成が家康邸に逃げ込んだのは本当か？

Ｑ５のとおり、七将襲撃を知った三成はすばやく伏見に逃げ込んだ。真っ向から受けて立たなかったのは、私闘を禁じた秀吉の命を守ったのかもしれない。しかし、一度拳を振り上げた七将の方は引くに引けない。三成自身も戦を起こす気はないが、防衛一方では苦しい。伏見でにらみ合う七将と三成の争いを、家康がおさめたことは前述した。この当時、伏見には家康が居を構えていたので、三成は家康の自邸に逃げ込んだのだ……という説が長らく信じられていた。しかし実際にはそれは俗説であり、三成が逃げ込んだのは伏見の自邸であることが近年の研究で判明した。家康の屋敷に逃げ込んだわけでもないのになぜ、家康がこの件に手を貸したのか。それはこの争いを収める力を持つ人物は、家康をおいて他にいなかったからといえるだろう。家康はこの事件の後、騒ぎを起こしたとして三成の奉行職を剥奪《はくだつ》。彼の居城である佐和山へ押し込めることに成功した。ふたをあけてみれば、すべて家康の都合のいい流れとなっているのだ。

Q7 家康暗殺計画は本当にあったのか？

家康の存在を危険視する声は秀吉生前の頃からあり、婚姻密約問題から一気に加速した。そこで現実味を帯びてきたのが、家康暗殺計画である。

秀吉の死の翌年、石田三成が家康暗殺計画を練ったという説もある。利家を見舞うため大坂に出てきた家康を狙う計画だ。桃山〜江戸時代の諸国の出来事を記録した『当代記《とうだいき》』によると大谷吉継《おおたによしつぐ》が家康に荷担したため三成が暗殺を諦めたとされる。また家康が危険を察知して伏見に戻ってしまったため計画が頓挫《とんざ》したという説もある。現実にあったかどうかは不明だが、このような計画が起きても不思議ではないほどの状況だったのだろう。もちろん家康も暗殺には人一倍気を使っていた。家康の伏見屋敷は敵の攻撃を受けやすい立地だったため、宇治川対岸に位置する向島城《むかいじまじょう》へ居を移すことまでしている。さらに彼は大坂城へは滅多に足を運ばず、伏見から離れようとしなかったのである。

しかし利家の死から半年後、九月の重陽の節句で家康はとうとう大坂へ登城することとなった。滅多に動かない家康が大坂に現れるのは絶好の機会と、家康暗殺計画が持ち上がる。この計画は、亡き利家の息子・前田利長《としなが》が中心となり、浅野長政、大野治長《おおのはるなが》、土方雄久《ひじかたかつひさ》の手によって起こされたという。が、これは事前に家康に情報が漏れて「幻の計画」となってしまった。家康は兵を集めて大坂を守らせ、早々に暗殺事件の犯人に蟄居などの処分を下す。主犯とされる利長に対しては特に苛烈で、討伐の兵を出そうとまでした。利長は家康の怒りを恐れ自分の母・芳春院《ほうしゅんいん》（まつ）を質にだして家康の怒りを収める。ここにきて、名門・前田家の威光は完全につぶれた。

しかしこの計画が実際にあったのかどうかは、後世になっても謎に満ちたままだ。この暗殺計画は家康が大名の力をそぐための大義名分作りのために、自ら起こした自作自演の事件だった、という説もある。実際、これより前に三成は失脚済み、この事件で長政まで力を失ったことで五奉行の政治的な力は地に落ちた。そしてこの件以降、家康は伏見の自邸から大坂城の西の丸へと移り、政治の中心に君臨したのだ。

この頃になると、誰も止められないほどに家康の存在は大きくなっていた。かつて婚姻密約問題で立場が危うくなった時も、家康は危機を機会にかえた。このように、彼には逆転のチャンスをものにする運があったといえる。

Q8 三成以外の大老や奉行で家康に敵対した人物はいるのか？

秀頼を補佐し豊臣家を守る機関として五大老、五奉行が定められたのは前述（Q1）の通り。五大老は力を持つ大名で構成され、五奉行には古参の吏僚を配置。実際の政務は三成を中心とする五奉行が取り仕切り、五大老はあくまでも名誉顧問という立ち位置で政治を回していくのが秀吉の描いた図だった。秀吉の狙いとしては、いつ牙を剥くかわからない家康を大老につけて他の大老・奉行たちに見張らせ、政治の実務から遠ざけることである。しかし誤算だったのは、五大老の要《かなめ》である利家が早々に亡くなったことだ。

残った大老や奉行たちは、家康に対してどのような気持ちを抱いていたのだろうか。まず石高では家康、毛利輝元に次ぐ上杉景勝。彼は家康のことを警戒しながらも、反家康の軍を立ち上げることはなかった。彼は領土を固めること、先代・謙信の越後を取り返すことを優先させていた節がある。毛利輝元もまた家康に対しては消極的で静観に徹した。宇喜多秀家は関ヶ原の前に三成より早く挙兵したという説がある人物である。しかしこの時

前田玄以肖像（東京大学史料編纂所所蔵模写）

期、彼は家中の内紛に巻き込まれ家康に敵対するような余裕などなかった。

一方五奉行といえば、浅野長政は前項の通り家康への暗殺計画を疑われ謹慎処分となっている。実際に彼が計画に加わっていたのかは推測の域を出ないが、この処分を見て家康に敵対する空気は消え失せた。長束正家と増田長盛はこの後に起こる家康の会津征伐に対して反対の嘆願書を出すだけに留めている。さらに後の関ヶ原で長政は東軍に加わり、長盛や前田玄以は徳川に内通。徳川へ敵対したのは奉行内では三成ただ一人であった。彼らは秀吉が期待していたほど、家康への抑止力にはならなかったのである。

Q9 石田三成は本当に嫌われ者だったのか?

石田三成にもう少し人望があれば、関ヶ原の戦いは西軍が勝ったかもしれない……とは、後世によくいわれることだ。実際、三成は政務能力が高く、秀吉が生きていた時代から政治の中心にいた人物でもある。秀吉死後の大坂も、彼は必死に支えようとしていた。しかし彼はあまりに真面目で冷たすぎる性格で、敵を作りやすい人物だったようだ。

千利休《せんのりきゅう》の切腹事件や、関白《かんぱく》・豊臣秀次《ひでつぐ》の謀反問題への対応、前述した朝鮮出兵の加藤清正への謹慎対応の処理にも三成は関わっていた。事務的にことを進めすぎたせいで、彼はあちらこちらに敵を作ったのである。戦経験もそれほどなかったことから、現場で実際に戦う清正ら武断派からは「虎の威をかる狐」、「まともに戦ったこともないくせに」と不満があがるのは仕方のないことだった。後に、打倒家康の兵を起こす際、三成に打診をうけた大谷吉継は「諸大名だけでなく下々の人間まで君の悪口を言っている、君の日頃の性格が横柄であるためだ」と諭したと、江戸時代にまとめられた軍記物『落穂集《おちぼしゅう》』にも書かれ

石田三成肖像（東京大学史料編纂所所蔵模写）

ている。

子どもの頃から豊臣に仕えていた三成は、生涯を通して秀吉への忠義心が揺らぐことはなかった。彼は家康と違って、天下取りの野心など持っていなかったようだ。

実際、彼の石高は他の四奉行と比べてみても、さほど高くないのである。彼は地位や石高ではなく、ただひたすらに豊臣に忠誠を誓い、豊臣を守り続けようとした。ただ間違えたことや誤りを嫌う潔癖性の性格が仇を為し、そのせいで周囲への気遣いが抜けてしまっていた。そしてそれが、彼の人生を大きく揺るがすこととなるのである。

Q10 家康はなぜ会津征伐を決意したのか？

会津に帰国していた上杉景勝が居城を修繕し武具を揃えている、と家康に密告が入ったのは慶長5年（１６００）春のこと。真偽を問うため景勝に上洛を促すが、返ってきたのは家康を弾劾する書状（『直江状《なおえじょう》』）だった。景勝の態度に怒った家康は6月、諸大名を集め出兵を決意する。すでに利家は亡く、三成は佐和山に蟄居の身。もはや家康を止めることのできる人物は大坂にはいなかった。さらに家康は秀頼より軍資金を得て、会津征伐は公儀の戦となる。もちろん上杉に謀反の意図がないことくらい、家康にもわかっていたはずだ。彼はこの戦によって二つの利がもたらされることを知っていた。一つは諸大名がどれくらい自分の意に従うのかを確認できること、一つは今家康が動けば三成が反家康の兵を起こすこと。そうなれば三成征伐の大義名分となる。そこで、家康はのんびりと鷹狩りなどをして戦に向かうのだ。これは西の決起を待っていたことに他ならない。そして家康の予測通り軍が江戸に着いた頃、大坂では三成が打倒家康の声をあげた。

Q11 直江兼続が家康を挑発する『直江状』を書いた意図とは？

家康を怒らせ、会津征伐を決意させたという書状、『直江状』。この長文の手紙をしたためたのは、上杉の重鎮・直江兼続《かねつぐ》だ。この手紙が家康の元に届く前。国元に帰った景勝に不穏な動きがみえる、と密告を受けた家康が上杉家に弾劾の書面を送った。景勝のブレーンでもある直江は、主にかわってそれを釈明する必要がある。それがこの『直江状』だ。書面の内容は家康の詰問に対する釈明が主で、叛意を剥き出しにした内容ではない。最後に家康を煽るような文言が書かれているが、『直江状』の原本が見つかっていないので過激な部分は後世に改竄《かいざん》された可能性あるという説もある。全体を通して慇懃《いんぎん》無礼《ぶれい》にとられがちな直江状だが、それは体言止めが多用されているせいだともいわれている。しかしこれは直江の書き癖で、主である景勝に対しても体言止めの手紙を残しているため、『直江状』は必ずしも無礼な手紙とも言い切れないようだ。しかしその書きっぷりと判官贔屓《ほうがんびいき》により、直江状は庶民の間で人気を博し後世には物語にも登場することとなる。

Q12 三成と上杉景勝・直江兼続の**共謀盟約**はあったのか？

そもそも三成が考えていた打倒家康計画は、家康が大坂から動くことが絶対条件だった。もし大坂城にいる家康を襲ったとしても、すぐさま秀頼を盾に取られて計画は頓挫してしまうことはわかりきっている。そこで家康を大坂から離すために三成と直江が手を組み、わざと『直江状』で煽らせたのだ……という説がある。会津へ挙兵後、大坂に異変ありと家康が聞けばすぐに大坂へ駆け戻る。それを三成が待ち受け、がら空きとなった家康の背を上杉が討つ。そうすれば、いかに大軍を有する家康でも逃げ切るのは難しいだろう。

実際、上杉主従が京都にいた頃、三成と直江とが密談をかわすことは時間的に可能だった。そして上杉主従が上洛を拒否すれば、家康は確実に多くの大名を引き連れて討伐に向かうだろう。いくら戦争に慣れた上杉主従でも、会津の地に着任して日の浅いこの時期になんの手助けもなくそんな無茶な煽り方をするはずもない。というのが、「直江・三成共謀説」の根拠だ。後世の伝記物では、挙兵後の三成が直江へ「かねてよりの作戦が思った通

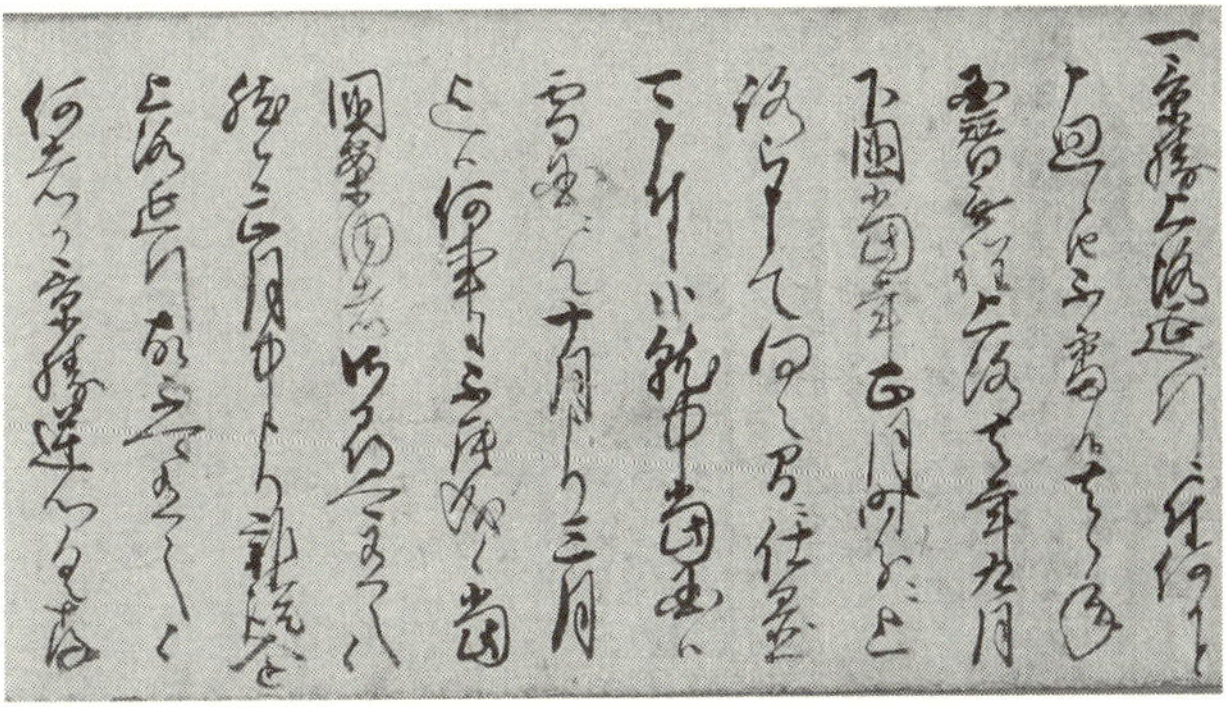

『直江状』書写（米沢市上杉博物館蔵）

りとなり……」などと書いた手紙を送った、などと書かれている。ただしこれらは江戸時代以降にまとめられたものなので、信憑性は薄いと思っていいだろう。

　しかし前述のように共謀説を支持する声だけでなく、逆に反対する声も多い。それは三成と直江が手を組んだという具体的な書面が何も残されていないこと、さらに景勝が会津征伐を取りやめて引き返す家康を追撃もせず、なんの動きも見せてはいないせいだ。

　関ヶ原の後、三成は処刑となったが、景勝は領地を減らされるだけで終わっている。共謀か、偶然か。実際のことはすべて闇の中である。

Q13 諸大名はなぜ家康が主導した会津征伐に参戦したのか?

『直江状』を受けた家康は、とうとう会津征伐の決意を固めた。慶長5年(1600)6月16日、彼を総大将として大坂から会津への兵が出発したのである。

家康に従った兵といえば、まず徳川の将、本多忠勝《ほんだただかつ》、井伊直政《いいなおまさ》、酒井家次《さかいいえつぐ》などおよそ3千名。それに加え、福島正則、黒田長政、細川忠興など、豊臣の古参から外様まで様々な大名が参戦。その数、5万5千人を超える大軍である。

これは、家康に対して豊臣秀頼が軍資金や兵糧を援助したからだ。この瞬間、家康の会津征伐の兵は私的な戦いではなく、謀反人討伐の兵へと姿を変えた。だからこそ、大名・武将たちは職務として彼に付き従ったのだ。参戦できる大名は、家康への個人的な感情を抜きにして参戦したようだ。

東海道沿いを進むため、畿内はもちろん東海道沿いに領地を持つ武将は家康に付き従うこととなる。もし家康に逆らいでもすれば、後に続く兵にあっという間に討伐されてしまうからだ。後に三成とともに挙兵する大谷吉継も、この段階では会津征伐に向かう予定で兵を進めようとしていた。さらに三成さえ、自分の息子を征伐隊に加えようとしていた、という。これは作戦を家康にさとられないためのポーズだとしても、これほど多くの兵が家康に付き従ったのである。

ただしここで問題となっているのは、中国地方など離れた場所を領土とする藤堂高虎《とうどうたかとら》、加藤清正、長政などの武将たちだ。彼らは中国、四国、九州などを領土としている。じつはこの戦に参加する必要はさほどなかった。それでも彼らは家康につき従う。彼らは徳川親派であり、この会津の間に何かが起きることを予期していたのだ。こうして最初から付き従うことで家康に対する忠義をみせたといえるだろう。実際に後の関ヶ原で、彼らは東軍として腕を振るうのだ。

家康が当初、会津の上杉主従に対して「謀反の疑いあり」と声をあげ、『直江状』が届いた段階では、ただ家康と上杉の争いに過ぎなかった。この時点では増田長盛、長束正家といった奉行や三中老である生駒親正、堀尾吉晴、中村一氏の面々が連盟で家康を宥める書面を提出している。しかし、秀頼から軍資金を得た今、まさに賽は投げられた。この会津討伐が天下分け目の戦い・関ヶ原の戦いへと繋がっていくのである。

Q14 なぜ西軍の総大将に毛利輝元がついたのか？

関ヶ原の戦いといえば、三成と家康の個人的な戦いのように思われがちだ。しかし、家康打倒の声をあげた三成は、自分自身がトップに立つことはしなかった。彼は毛利家の外交僧である安国寺恵瓊《あんこくじえけい》に相談を持ちかけて、彼の仲介で輝元を西軍の総大将へと引き込んだのである。

三成の起こした戦いであるのだから、彼が大将になるのが順当だ。しかし、家康に対しての挙兵で三成が大将となるわけにはいかなかった。当時三成は七将襲撃事件の責任をとるために役職をとりあげられて蟄居中の身であり、さらに武断派からの反発も強い。前述のとおり彼は我が強く、兵を集められない可能性さえあった。

そこで三成は7月12日、自身の居城である佐和山城に大谷吉継、恵瓊、そして奉行の増田長盛らを呼び出して会合を開く。家康が大坂を立っておよそ一か月後のことである。密談は粛々と進み、五大老の一人である毛利輝元を総大将として引き込むことが決定された。

毛利輝元肖像（東京大学史料編纂所所蔵模写）

毛利家はもともと中国地方の大大名である。先代の元就《もとなり》が中国地方をおさめた覇者として有名で、そんな毛利の血を引く輝元は評判もいい。さらに輝元は石高も立場も三成よりもずっと高い。西軍の総大将としては適任だった。

恵瓊から相談を受けた輝元は、総大将として立つことを即断。すぐさま自領の広島から大坂へと向かう。それに驚いたのは毛利家重臣の武将、吉川広家《ひろいえ》だ。彼はすぐさま主を止めようとするが、すでに輝元は大坂に入った後だ。そこで広家は慌てて江戸の家康に対して釈明を行っている。この広家の動きのおかげで、後に輝元は命拾いをするのである。

Q 15

三成に正当性を持たせた弾劾状『内府ちがひの条々』とは？

三成はいよいよ打倒家康の声をあげた。時は慶長5年（1600）7月12日のことだ。5日後の7月17日には西軍総大将となった毛利輝元が大坂城西の丸に到着。ここは家康の居住地でもある。西軍の幹部たちはここで家康の罪状を書き連ねた書状を書き上げた。

この段階で三成たちが行わなければならないことは、家康の会津征伐の大義名分を潰すことだ。家康が豊臣の旗を背負って兵を出した以上、各大名たちはそれに従う義務がある。家康から兵権を奪うためには、その根底となる大義名分を崩す必要があった。そこで三成らの手によってまとめられた書状が『内府《だいふ》ちがひの条々』と呼ばれるものである。「家康の戦いは秀吉の命に背き秀頼を見捨てて出陣した。これは公儀の戦いではない」など13項目にわたり、家康の罪状を書き連ねた書状だ。文の中は家康の名を呼び捨てで書きなぐるなど、なかなかの檄文である。これには前田玄以ら三奉行、そして宇喜多秀家、輝元の連署状も添えられた。諸大名に送られたこの文によって、家康は動きを封じられることとなる。

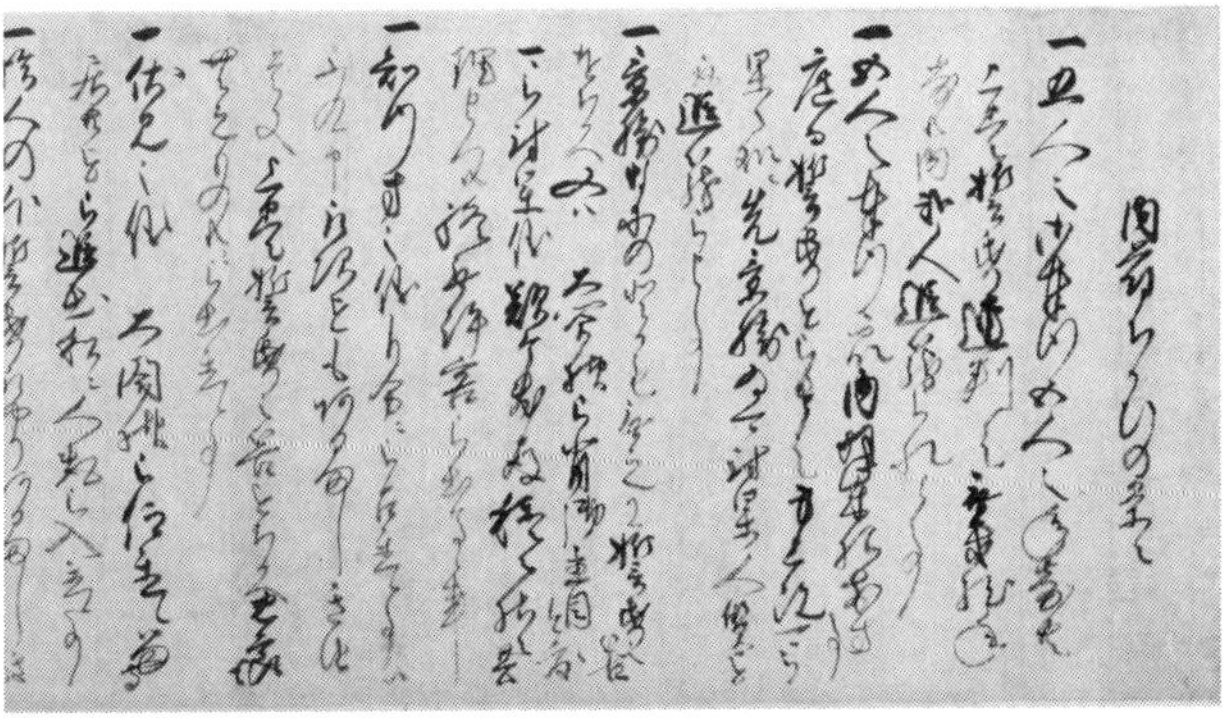

『内府ちがひの条々』（福岡市博物館蔵 提供:福岡市博物館／DNPartcom）

上杉討伐の寸での所で家康から軍事指揮権を取りあげることに成功したのである。その後一か月もの間、家康は関東で動きを止められることになった。さらに家康に付き従ってきた諸大名たちもまた、輝元か家康か、どちらにつくかの選択を迫られた。

西軍が一枚上手のように見えるが、毛利家重臣・吉川広家は家康と通じているし、『内府ちがひの条々』を草案した増田長盛もまた家康に三成の挙兵を密告するなど、すでに西軍は一枚岩ではなくなっていた。不安材料を抱えたままではあったが、それでも彼らは『内府ちがひの条々』を出した当日に挙兵した。

Q16

石田三成と大谷吉継の友情は本当にあったのか？

大谷吉継は古くから秀吉に仕えた将の一人である。若い頃は秀吉の元で武勇をふるい、秀吉にも信任を置かれた。吉継の方が5歳ほど三成より年下であったという。光成と彼はお互い古い時代から秀吉に仕えた仲である。そんな吉継は七将襲撃事件の際、三成に寛容な処遇をと、家康に手紙を出しているほどだ。

そんな二人が久々に顔を合わせたのは会津征伐の直前。吉継は前述のとおり、家康に従う予定だった。佐和山に挨拶へ訪れた吉継を三成が引き止め、挙兵計画を持ちかけたのだ。それを聞いた吉継は、「今ことを起こせば、また七将襲撃事件の際の人々が敵となって向かってくるだろう」と説いた、と『慶長見聞録《けんぶんろく》』には書かれている。三成の性格、そして家康の狡猾さを思えばこの戦いは危うい、と吉継は散々訴えるが、三成の決意は固い。吉継は一度佐和山を離れたものの、数日後にとうとう首を縦に振った。

彼らが刎頸《ふんけい》の友であったという資料は残されていない。しかし、彼は三成の挙兵を宥め

死を覚悟した平塚為広が、首とともに送った歌に返歌する吉継。『関ケ原合戦図屛風』（関ケ原町歴史民俗資料館蔵）

ながらも付いていくことを決意した、それこそ彼と三成の友情を示す何よりの証拠である。吉継は秀吉から重用され家康にも一目置かれていた。職務に忠実で無謀なことなどしなかった男である。だというのに利にならない戦いに身を投じた。吉継ほどの男が西軍につけば箔が付くという、三成の打算など吉継は最初から気づいていたに違いない。

この頃、吉継は重いハンセン病にかかり動くことさえ困難であったそうだ。長くない命だと彼は悟っていたのかもしれない。大谷吉継は人生の最期を安穏と過ごすより、友に殉じて死ぬことを選んだのである。

Q17 豊臣家は西軍・東軍どちらに加担したのか？

関ヶ原の戦いには豊臣秀頼をはじめ淀殿《よどどの》や北政所《きたのまんどころ》（寧々《ねね》）という、豊臣家の人はほとんど出てこない。豊臣家と徳川家の戦いに思われがちだが、この戦はあくまでも三成と家康のものであり、豊臣家からするとそれほど大事に考えていなかった節もある。まだ幼い秀頼が戦場で戦えるはずもなく、また母である淀殿がそれを許すはずもない。もし豊臣が堂々と西軍に付けば、戦は家康の敗北に終わった可能性が高い。しかし秀頼、淀殿、高台院らの豊臣方は大坂城から一歩も動かなかったのだ。豊臣家は西軍か、東軍か。この答えはどちらも否である。彼らと家康との対決は、大坂の陣を待たなくてはならなかった。

この段階で家康が一番恐れていたのは、輝元が秀頼を引きつれて東征してくることだった。先陣に立つ秀頼を見れば、家康に付き従っている大名らも一気に西軍に流れてしまうだろう。しかし、それは起きなかった。それどころか、西軍の総大将である輝元でさえ、3万の兵を持ったまま大坂を出なかったのである。彼の配下である吉川広家が家康に与し輝元の進路を阻んだとされるが、輝元自身もどちらに転んでも良いように戦況を見極めていた節がある。

この戦いはまだ豊臣配下による主導権争いだった。家康の軍が大坂城を攻めるなどあり得ない話だ。したがって、この段階では大坂城が最も安全な場所だっただろう。実際、秀頼らは怪我をするどころか戦火すら見ていない。その裏で西軍は伏見で鳥居元忠《とりいもとただ》に足止めをくらい、大津城で京極高次《きょうごくたかつぐ》の抵抗を受け、安国寺恵瓊の軍も広家の兵によって阻まれた。まともに関ヶ原の本陣で東軍と戦った西軍はわずか数万だけである。そして西軍は関ヶ原において敗れ去る。

すべてが終わった後、家康は秀頼に面談した、という記録が残る。和睦のための会だったそうだが、その時も家康は秀頼を「西軍にとらわれていただけ」として、責める言葉は口にしなかった。当時、豊臣が西軍を支持したような記録は一切残っておらず、家康としても攻め手にかけたのだろう。

しかし、関ヶ原の戦い後の論功行賞は家康が秀頼を差し置き行った。関ヶ原の戦いは淀殿たちが考えていたような「ただの大名たちの権力争い」などではなかったのだ。それを見逃したせいで、家康の専横はますます堂々としたものになっていくのである。

Q18 外交僧・安国寺恵瓊はなぜ西軍のフィクサーといわれるのか？

関ヶ原の戦いという歴史の転機に、安国寺恵瓊という男の姿が見え隠れする。彼は東福《とうふく》寺《じ》や南禅《なんぜん》寺《じ》など名だたる寺院で修行を積んだ僧である。さらに毛利に仕え、主に外交に携わる「外交僧」でもあった。しかし、秀吉の中国攻めによって人生の転機が訪れる。恵瓊はこの時、毛利と秀吉の間に立って巧く和睦交渉に持ち込んだのだ。このことにより秀吉に気に入られた恵瓊は、大名となり僧ながら領地を与えられた。

秀吉の死後も彼は毛利の外交僧として主を支え続けたが、ひそかに大坂、そして三成とも通じていたらしい。秀吉健在の頃から城へ出入りしていた彼が内政担当の三成と親しくなるのは、当然といえば当然だろう。

挙兵を決意した三成は、大谷吉継の次に恵瓊へその旨を伝えたのである。時来たれり、と恵瓊は毛利の主である輝元を西軍総大将へと仕立てあげた。上杉が去った今、立場的に西軍の総大将となれるのは輝元だけだ。しかし開戦の直後、毛利配下である吉川広家に進

京都建仁寺にある安国寺恵瓊の首塚

路を閉ざされ恵瓊は動きを封じられてしまった。大坂城に入った輝元も兵を動かさず、恵瓊は窮地に立たされる。結局、関ヶ原本陣に辿り着くことができないまま戦が終結し、恵瓊は逃亡を余儀なくされた。後に隠れ住んでいた所を見つかり引きずり出され、六条河原にて三成らとともに処刑されてしまうのである。

歴史にイフは御法度だが、彼が存在しなければ輝元は西軍総大将に付かなかったかもしれない。そうなると関ヶ原の戦い自体、起こらなかった可能性すらあるのだ。それを思うと、恵瓊の存在は関ヶ原のキーポイントといえるのではないだろうか。

Q19 小山評定で福島正則が家康に味方したのはなぜか？

三成が謀議を行っているという密書が奉行である増田長盛より家康の元に届けられたのは、7月19日。そのわずか5日後、家康は古参の将・鳥居元忠の使者より「三成立つ」の急報を受ける。三成らが挙兵して、わずか7日目のことだ。報を受けた家康は急遽、同行していた諸大名を収集し、今後の動きについて協議した。これを後の世に「小山評定《おやまひょうじょう》」と呼ぶ。家康は集まった諸大名に向かって三成の挙兵を伝え、「大坂に戻り三成を討つべきか、当初の予定通り上杉を征伐するべきか」と問いかける。その際、家康は大名たちに強制はしていない「大坂に付くもよし、このまま残るも良し」と、個人の自由に任せたのだ。諸大名たちは動揺したが、福島正則が率先して家康につく宣言をしたといわれる。結果、多くの大名がその場に残ることを選んだ。まだこの時は『内府ちがひの条々』が届いておらず、正則にしてみれば「三成は私怨で兵を立ち上げた」程度だった。元より三成を嫌っていた彼にしてみれば西軍につく理由がないのである。そこで家康は、正則の城・清洲城を明け

小山評定後の東軍の動き

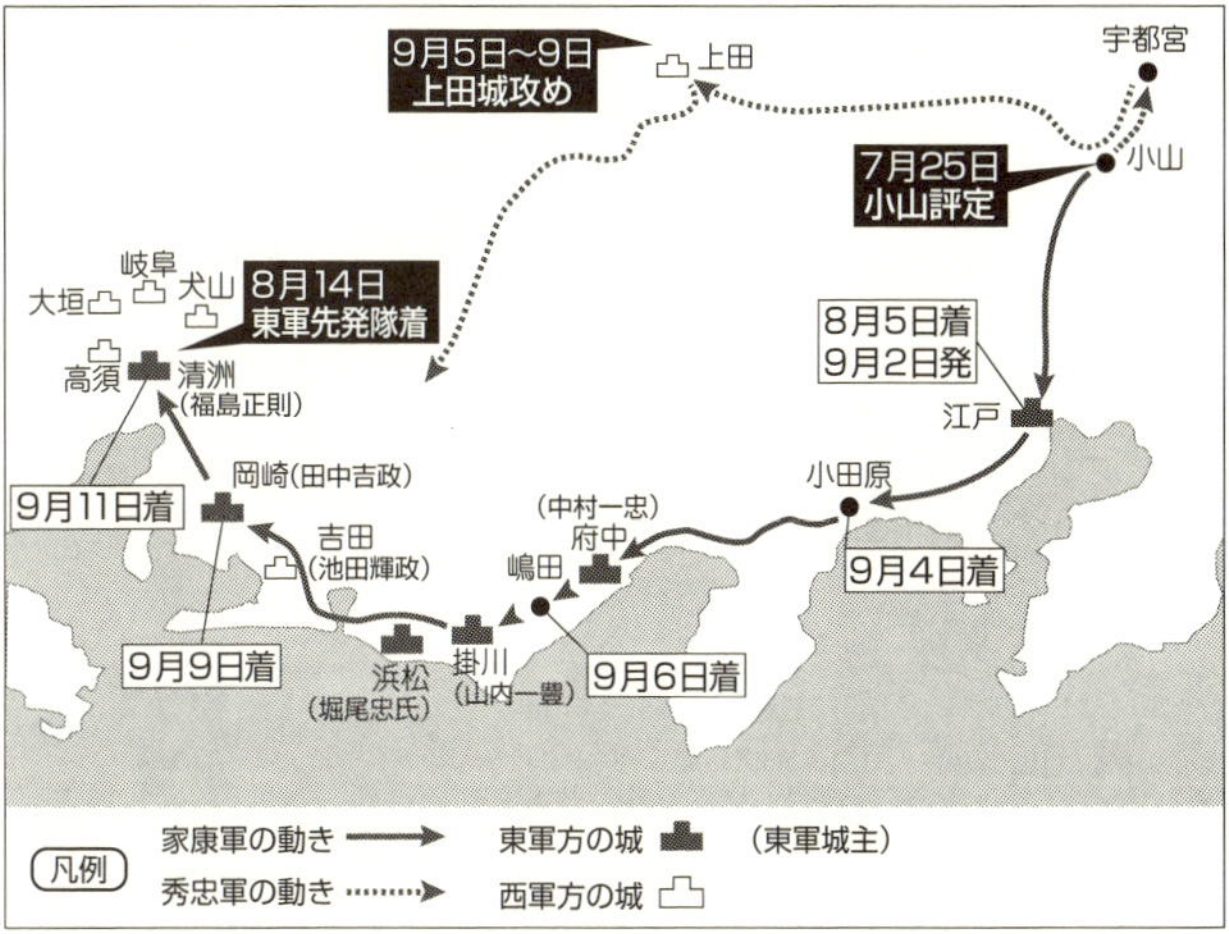

渡すように黒田長政を通じて説得させた。家康は正則の動きに、特に気遣っていたようだ。彼が大坂に去れば多くの武将たちがそれに付き従うことは明白。家康はそれを最も恐れていたのである。正則は清洲城を明け渡すことを渋ったが、やがて長政の説得を受けいれた。秀吉子飼いの将筆頭である正則の参戦を見て多くの大名は東軍に傾いた。こうして、後に家康軍は充分な結束を持って西へと進路をとることができたのだ。

後の研究でこの小山評定を否定する説も出たが、小山には史跡が多く残されており、東軍に何かしらの動きはあったとみて間違いないだろう。

Q20

秀吉の正室・北政所は本当に家康を支持していたのか？

秀吉の死とともに、表舞台から消えた女性がいる。それが北政所と呼ばれる秀吉の正妻・寧々である。彼女は豊臣家滅亡後、家康より領土を安堵されているため、東軍を支持していたという説が根強い。これらの戦いを家康 対 豊臣だけでなく、正妻・北政所 対 秀頼の母・淀殿という構図で見る方がよりドラマチックだからだろう。しかし、当時の北政所を探ってみると、西軍の戦勝祈願に彼女の名で祈祷料が贈られている。さらに関ヶ原では彼女の縁者にあたる木下家が幾人も西軍に付いている……などと、けっして東軍贔屓ではない彼女の姿が浮かび上がってくるのである。彼女は関ヶ原の後、秀吉の遺品を集め他の場所に移した。家康に従っているのであれば、このような真似をする必要はないはずだ。確かに家康は戦後、北政所に対しては何も罪に問わなかった。これは北政所を思ってというよりも秀吉恩顧の武将への配慮だ。彼女は家康を避けつつも直接対決をするような真似はしなかった。彼女の願いはただ亡夫の菩提《ぼだい》を弔《とむら》うことにあったのかもしれない。

Q21 真田家が東西に分かれたのはただ家名を残すためが理由？

関ヶ原は天下分け目の大決戦だ。どちらにつくかによって、人生は大きく変わる。勝者は忠臣となり、敗者は粛正される。そこでどちらが勝っても家名を残せるように、家族を東西に分けた家もある。特に有名なのが、信濃の真田《さなだ》父子だ。かつては武田の配下でもあった真田昌幸《まさゆき》とその息子、信繁《のぶしげ》（幸村）、信之《のぶゆき》（信幸）。弟の信繁は秀吉に仕えて大谷吉継の娘を、兄の信之は家康の配下、本多忠勝の娘・稲（小松姫）をそれぞれ娶《めと》る。関ヶ原では妻の出生に従い昌幸と信繁は西軍、信之は東軍に別れる決意をした。ここまで親子三人で戦って来た彼らにとって、引き裂かれるような思いだったに違いない。彼らが別れの地に選んだ犬伏《いぬぶし》は、今でも「犬伏の別れ」と名高い。しかしこういった家は他にもある。たとえば九鬼《くき》家は息子・守隆《もりたか》は東軍、父・嘉隆《よしたか》は西軍へ別れ、嘉隆は戦の後自害した。小西家も兄は西軍、弟は東軍に別れるなど、数多くの家が二つに別れて家名を残すべく戦ったのだ。勝敗の行方は当時、現場を見ている大名ですらわからなかった、ということである。

Q22 上杉景勝が転進する家康軍を追討しなかったのはなぜか？

会津征伐直前、家康率いる軍は突如西への転進を余儀なくされた。大坂で三成が挙兵したからである。その時、なぜ上杉軍は家康軍の背後を襲わなかったのだろうか。それは関ヶ原における大きな謎の一つでもある。後世、「直江が追撃を進言するも、景勝がそれを退けた」という説が小説などでも取りあげられてきた。理由として、家康が公儀の戦として兵を出しているため、それを追うことは義ではない。もし追って家康軍と戦うこととなれば、すなわち秀頼に楯突くことになるから、ということである。大老の一人でもある景勝らしい考えだ。「景勝が追撃を指示するも、直江が退けた」という逆の説もある。どちらにせよ、実際に上杉の兵は家康の後を追うことさえ、していないのである。

しかしあの時、彼らは追撃したくても追撃できない。というのが実情だったのではないだろうか。いくら小山評定で「敵は西にあり」と決まったとはいえ、まだ上杉は逆賊扱いだ。もし兵を率いて家康軍の後方を狙った所で、諸大名の軍の守りは堅い。さらに籠城戦ならまだしも後を追うのであれば城を護る兵も残さなければならない。会津に着任したばかりの彼らに、そこまでの余裕はなかった。

そして何よりも恐ろしいのが、このたびの会津戦に参戦していない奥州伊達政宗の存在だ。政宗は早々に家康と縁組みをするなど、親家康派の行動が目立つが、いまだ自領のある東北から動いていない。それは上杉の動きを見張っているからだ、と戦略眼に優れた直江ならば当然のように理解していただろう。西の三成と挟撃作戦が取れたとしても、背を開けて戦うような真似はできなかったに違いない。まだ会津に戻って日が浅く、兵の準備も整わない上杉にしてみれば、追撃戦はあまりにもギャンブルに過ぎるのである。

上杉神社に立つ上杉景勝（左）と直江兼続（右）の銅像

Q23

鳥居元忠はなぜ伏見城で捨て駒になったのか?

関ヶ原の戦いといえば、東軍と西軍がぶつかりあう関ヶ原本戦ばかりが注視されるが、それよりも前に多くの戦いが畿内を中心に勃発していた。中でも悲惨な戦いが、伏見城の戦いである。

会津討伐のため大坂を出た家康は古参の将・鳥居元忠に兵を預け伏見城を守るよう言い含めた。一方、打倒家康を胸に大坂を出た三成はまず畿内に残る徳川の兵を追い払うべく行動をはじめる。まず目指したのは細川幽斎《ゆうさい》（藤孝《ふじたか》）が守る丹後田辺城と伏見城。特に伏見城は畿内における家康の拠点であり、真っ先に落とすべき城であった。

伏見城が西軍に狙われることなど、元忠も重々承知していた。しかし三成が立つことを予測していた家康は、この城にたった1千8百の兵しか残していかなかった。できるだけ多くの兵を連れて東征する必要があったのだ。家康の望みは伏見で西軍の動きを食い止めて貰うことに他ならず、元忠もまたその任務を理解していた。もちろんこの少数の兵では

西軍の防衛構想

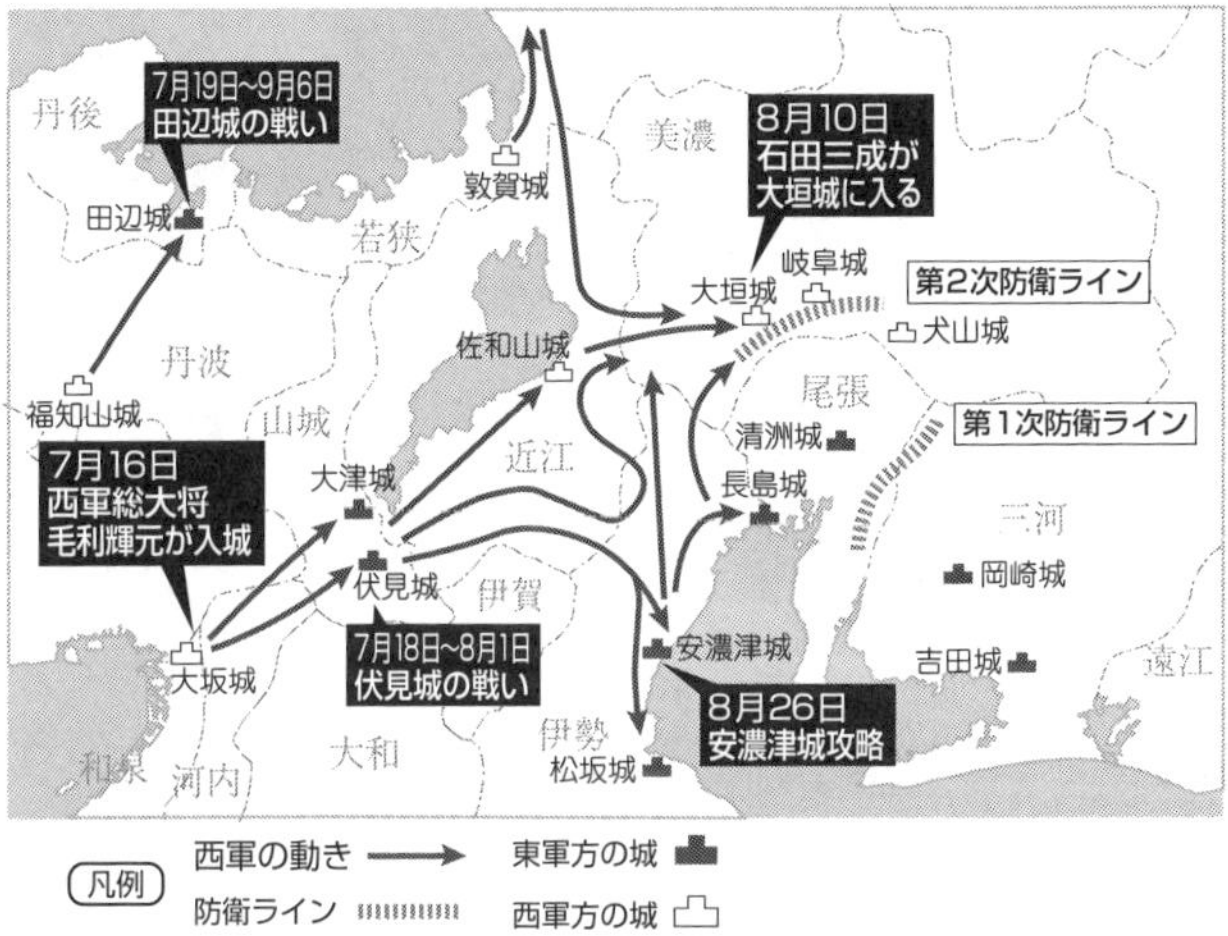

西軍の猛攻に耐えきれないことは二人ともわかっていることだ。家康は会津に発つ直前、元忠と酒を酌み交わしたという。それは君臣今生の別れの酒宴であった。

挙兵してすぐさま約4万の西軍が伏見に押し寄せる。元より玉砕の覚悟がある元忠は、降伏の使者を斬り殺し籠城を開始。ここは秀吉の作った難攻不落の城であり、13日という日数を耐えた。最期、元忠は一騎打ちに敗れ、首を晒される。この時、伏見城の床は兵たちの血に塗れたそうだ。その床を後に家康は江戸城に置き、元忠の忠義を偲んだという。その「血天井」は時を超えて守られ、今は京都の各寺院で大切に供養されている。

Q24 細川忠興の妻・ガラシャは**なぜ自決**したのか？

挙兵した三成たちが最初に行ったのは、諸大名たちの家族を質にとることである。現代からみると非情にも思えるが、当時では当然のことだ。当時、大坂には諸大名たちの妻や子等が大勢残っていた。彼女たちを質にとり、家康に付き従う大名を西軍に引き寄せる計画だった。もちろん手酷く扱うつもりは毛頭なく、戦国の習いとして手元に留めておく程度のものだっただろう。それでも、多くの女性子供たちが素早く大坂から逃れている。しかしその中で、壮絶な死を遂げた女性がいる。それが細川忠興の妻・ガラシャだ。彼女は前々より夫から「もし質に取られるようなことがあれば、自ら命を絶て」と言い含められていた。そもそも細川忠興は苛烈な人としても知られる。キリスト教徒でもあるガラシャは自ら命を絶つことはできない。そこで彼女は屋敷に火を放ち細川の将に自分を殺させたという。この時、自ら命を絶ったものは他にはいない。三成が追い詰めて殺したのだと噂が流され、東軍の士気が上がった。三成からすれば手痛い失策である。

Q25 本戦に多大な影響を与えた京極高次の功績とは？

京極高次という大名がいた。名門の出ながら不遇であった彼だが、後に姉（または妹）が秀吉の側室となったこと、そして淀殿の妹・お初《はつ》を娶ったことで出世。このことで「女の七光りで出世する蛍大名」と陰口を叩かれたが、武勇の誉れが高く関ヶ原の直前におきた前哨戦「大津城の戦い」において、西軍を食い止める武功をあげた人物である。彼は西軍に従って挙兵するも密かに家康に通じていた。関ヶ原本戦の3日前、大津城に籠城した高次を察知した西軍は、1万5千の兵を送り込む。もちろん、大軍を前に耐えきれるものではなく、関ヶ原本戦の直前に降伏してしまう。たった数日の足止めではあるが、この足止めで立花宗茂、毛利元康らが関ヶ原本戦に到着できなかったことは大きい。このため、関ヶ原の戦況は大きく家康側に傾くのである。開城した高次は、その足で出家し身を潜めてしまうが、家康は彼のこの働きを天晴れとし加増を命じる。こうして京極家は江戸幕末まで残る名家となった。

Q26 徳川方の主力は家康軍ではなく東山道を進んだ秀忠軍だった？

7月、会津攻めを中止した徳川家康は江戸へ引き揚げるにあたり、息子・徳川秀忠《ひでただ》軍を宇都宮城へ入城させた。その後、石田三成らが挙兵するや家康自身は東海道を西上し、秀忠軍には東山道（中山道）を西上させ、二手に分かれて進軍することになる。この時、家康は秀忠に3万8千という大軍の指揮を任せた。その構成だが、秀忠軍こそが徳川勢の主力ではないかと思われるほどの堂々たる陣容であった。

先鋒は軍監《ぐんかん》も務めた榊原康政《さかきばらやすまさ》（館林10万石）、そして前駆けを務めたのは大久保忠隣《おおくぼただちか》（小田原6万5千石）、本多正信《まさのぶ》（相模玉縄1万石）の両名に秀忠の旗本部隊が続いた。さらに供奉《ぐぶ》として酒井家次（下総臼井3万石・忠次《ただつぐ》の子）、本多忠政《ただまさ》（大多喜10万石・忠勝の子）、本多康重《やすしげ》（上野白井2万石）、牧野康成《まきのやすなり》（上野大胡2万石）、酒井重忠《しげただ》（武蔵川越1万石）、高力忠房《こうりきただふさ》（岩槻2万石）、土岐定義《ときさだよし》（下総守屋1万石）、小笠原信之《おがさわらのぶゆき》（本庄1万石）、諏訪《すわ》頼水《よりみず》（上野国総社1万2千石）が従う。後備は上野小幡3万石・奥平信昌《おくだいらのぶまさ》の子である家昌《いえまさ》、忠政《ただまさ》の兄弟が務めた。

これに加え、外様にあたる豊臣系武将が従った。森忠政《もりただまさ》（川中島13万石7千石）、仙石秀久《せんごくひでひさ》（小諸5万7千石）、石川康政《やすまさ》（松本8万石）、日根野吉明《ひねのよしあき》（高島2万8千石）といった信濃、東山道方面に領地を持つ大名たちである。

秀忠軍には1万石以上の大身武将が十余名も集まり、軍団としての戦力の高さ、攻撃力の高さはいうまでもない。この戦力の充実度合いには理由がある。それは会津征伐のために江戸を進発した際は、秀忠軍が先発部隊でもあったからだ。一方、家康本隊は秀忠の先発隊に続く後詰であったから、防御を重視した旗本隊が中心だった。家康自身、「われら家中の人持分のうち、少しも大身なる者どもをば、おおかた秀忠につけて木曽路へ差し越し……」（『岩淵夜話《いわぶちやわ》』）と、述べている。

ただ、この時に戦力の分散があった。宇都宮城には上杉方の押さえとして結城秀康《ゆうきひでやす》及び、それに従う多くの軍勢が宇都宮に残り、また家康本隊3万には家康直属の旗本部隊3万人に加え、本多忠勝・井伊直政に家康四男の松平忠吉《まつだいらただよし》らが割り振られ、結果としてそのまま関ヶ原本戦に臨んだ。合計すれば家康本隊も3万7千を数え、十分な戦力を有していた。よって単純に「秀忠軍が主力」と言い切ることは難しいのではないだろうか。

Q27

なぜ家康は1か月もの間 江戸から動かなかったのか？

徳川家康が会津征伐を取りやめ、小山から江戸へ戻ったのは8月5日。そして自身が東海道を西進して江戸を発つのは9月1日のことである。その間、実に1か月近くにもわたって江戸に留まり続けた。いったい何をしていたのだろうか。

主な理由としては二つ考えられる。まず一つは佐竹義宣《さたけよしのぶ》（常陸55万石）や山川朝信《やまかわとものぶ》（下野山川2万石）など、上杉と気脈を通じている大名に対する警戒。そして、もう一つが尾張清州城に集結していた豊臣系大名たちの動向の見極めだ。家康にとって厄介だったのが、7月末日頃に届けられた豊臣奉行衆が発した『内府ちがひの条々』（Q15）だ。この書状に記された石田三成や長束正家らの「大義」に賛同する大名たちが現れないとも限らない。一旦は家康に味方すると約束した福島正則や山内一豊らが、本当に徳川方として働くのかどうか。それを見極めるまで疑心暗鬼となり、動こうにも動けなかった。その間、祈るように諸大名へ宛てて合力の願いや恩賞の約束を記した手紙を書き続けたのである。

Q28 徳川方はなぜ二手に分かれ秀忠軍が東山道を進んだのか？

家康が徳川譜代の軍勢を二手に分けたのは、いくつかの理由が考えられる。まず、総大将である家康自身と、次期徳川の当主候補である秀忠が共倒れにならないように気を配ったからだ。秀忠に別働隊を率いさせて万一の場合に備えたのである。

そして、もう一つは信濃方面の攻略を行ない、戦略に幅を持たせるためだ。この時は、まだ両軍決戦の地が関ヶ原になるということなどは誰も知らない。いざ決戦となった際に、少しでも有利な状況を作りあげておく必要があったのである。

秀忠軍3万8千が東山道を進んだのも、その方針に基づいてのことだ。「信州真田表仕置のため、明《あくる》廿《にじゅう》四《し》に出馬」（『朝野旧聞裒藁《ちょうやきゅうぶんほうこう》』）、『信州真田表、仕置申付けべきため（中略）隙明次第、上洛を遂ぐべき覚悟に候』（『譜牒余録《ふちょうよりょく》』）などと当時の秀忠の手紙にある通り、信州攻略後に京を目指す戦略は徳川全軍で定められた方針だった。Q29の上田城攻撃も、秀忠が突発的に決めたという説もあるが、それは後世に流布した俗説に過ぎない。

Q29 秀忠が上田城を落とせなかったのは家康の命令に忠実すぎたから？

8月24日、宇都宮を発した徳川秀忠は、計画通りに信濃攻略を目指し、9月2日に小諸城へ入った。そして目と鼻の先にある上田城へ降伏を求める使者を出すも、真田昌幸は応じない。そこで秀忠は6日から上田城攻撃を開始するが、真田昌幸とその子・信繁の巧みな戦術に翻弄されるうちに日が経過する。

迎えた9月9日、「先鋒隊が大垣城の石田三成らを包囲している。急ぎ同地へ迎え」との指示が家康から届く。秀忠は慌てて包囲の兵だけを残し、急いで美濃へ向かうが、大津まで到着した時には、すでに関ヶ原の決戦は終わっていた。

これは関ヶ原における秀忠の失態として後世まで語り継がれたが、もともと上田城攻略は家康の命令だった。何より、家康からの使者が川の増水によって遅れ、上田城の攻撃中止のタイミングが遅れたのも災いした。結果的に「上田城も落とせず、決戦にも間に合わなかった」という事実が生まれてしまった。我々は秀忠に同情すべきかもしれない。

Q30 三成が考えていた決戦地は関ヶ原ではなく尾張だった？

東西の両軍は、最初から関ヶ原を決戦地と考えていたわけではない。当時の合戦は、物見や間者を放ちながら、手さぐりで刻一刻と変わる戦況を見定め、戦いの場を作り上げていったのだ。三成は当初、家康を尾張か三河で待ち、倒そうとしていたようである。

「内府、会津・佐竹を敵に仕られ（中略）主の人数一万、上勢《かみぜい》一万許《ばか》り語り上り候へ共、尾・三の間にて討ち取るべきの儀、誠に天の与へに候」（8月6日、真田昌幸宛の書状）

つまり、家康は上杉・佐竹という敵を背にしている。1万ばかりの兵で上ってきても、尾張と三河の境で討ち取れる、これは天が与えてくれた好機、そう確信していたのだ。

三成の読みは、当初は正しかった。事実、家康は上杉に与する関東の大名を警戒し、江戸から動けずにいたのだ。三成はそれを見越して福島正則の居城であった尾張・清州城を攻略し、さらに三河へと進出する構えまで見せていた。これがうまく行けば戦いの結果は逆になっていたかもしれないが、この目算は狂いに狂うことになる。

Q 31

たった1日で落とされた岐阜城 西軍はなぜ守り切れなかった?

当初、石田三成ら西軍が企図していた、尾張・三河方面での東軍迎撃作戦。これは岐阜・大垣方面から南下する本隊と、伊勢方面から北上する別働隊が清州城を挟撃し、速攻で攻め落とすという策だった。それには伊勢方面の攻略が不可欠であったが、伊勢攻略を請け負った毛利秀元《ひでもと》軍の動きは鈍く、安濃津城《あのつじょう》を攻撃する前に、徳川軍の先鋒となった福島正則らが清州城まで進出してきた。これで伊勢方面の別働隊は尾張進出の機を逸した。三成の目算は狂い、尾張から東への侵攻は断念せざるを得なくなったのである。

だが、まだかろうじて勝機はあった。それは岐阜城を拠点に、東軍を尾張に釘付けにすることだった。去る8月11日頃、岐阜城主の織田秀信《おだひでのぶ》が西軍に与していた。織田信長《のぶなが》の孫・秀信の影響力は大きく、これで美濃の大名のほとんどが西軍に靡《なび》いたほどだ。

しかし、清州城に集結していた東軍諸将は、「一先ず手合わせの一戦し、敵味方手きれの証拠をきつと見せられ候……」（『関原始末記《せきがはらしまつき》』）と、家康の使者にハッパをかけられ、8

東軍先鋒による美濃攻略

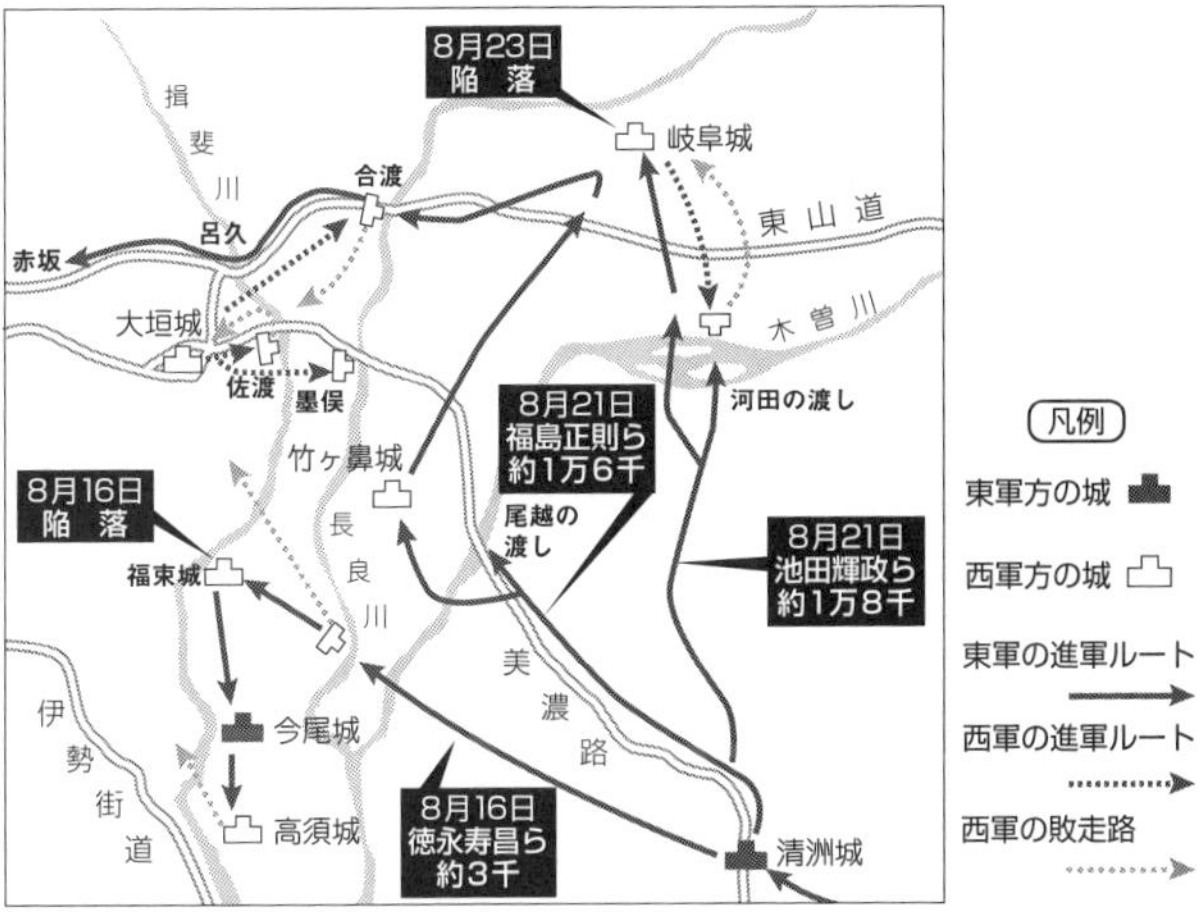

月22日に約2万の兵で岐阜城攻撃を開始。西軍の手薄な防衛ラインはたちまち突破され、織田秀信以下数千ほどが籠もる岐阜城も、たった1日で陥落した。秀信が籠城戦の常識を破り、城外に出撃した隙を突かれた。この事態に、墨俣の近くまで出馬していた三成は大垣城へ引き返さざるを得なかった。

兵力が分散し、連携が満足にとれなかった西軍は岐阜城に満足な援軍も送れなかった。これに比して東軍諸将の動きは速く、まとまりがあった。清州城で十分に作戦を練っており、「家康の信を得たい」とする諸将の目的とも合致し、士気旺盛だったのである。

徳川存亡のターニングポイント

小山評定跡

栃木県小山市中央町1-1-1（小山市役所内）

慶長5年（1600）7月24日、徳川家康は会津征伐の途上、下野小山の本陣にて石田三成挙兵の報を聞き、翌25日、急遽本陣に諸将を招集して軍議を開いた。世にいう「小山評定」は小山市役所付近で行われたと考えられている。

アクセス

JR東北新幹線・宇都宮線・両毛線・水戸線「小山駅」下車、駅西口より祇園城通りを西へ徒歩約10分

鳥居元忠奮戦の地

伏見城跡（明治天皇 伏見桃山陵）

京都府京都市伏見区桃山町古城山

関ヶ原の前哨戦である伏見城の戦い。城は破却されて現在は残っておらず、本丸があった場所は明治天皇陵となっている。周辺には伏見城北堀の遺構を利用した北堀公園、伏見城模擬天守が建つ伏見桃山運動公園などがある。

アクセス

JR「桃山駅」より東へ徒歩15分。または近鉄「桃山御陵前駅」・京阪「伏見桃山駅」下車、東へ徒歩約20分

本戦編

東軍勝利の秘訣とは

Q32 史上最大の合戦とされる関ヶ原 その**動員兵力**はどこまで正しいか？

一般に「天下分け目の戦い」「日本史上最大の合戦」と呼ばれる関ヶ原の戦い。本戦だけを見ても東西両軍合わせて15万〜20万人ほどの兵力が動員されたといわれ、日本史上でも最大規模の戦いであったことは間違いがない。しかし、その正確な兵力については史書によって差があり、あまり良くわかっていないのが実情である。

たとえば、小早川秀秋《こばやかわひであき》の兵力。彼は『日本戦史 関原役』によれば約52万石の所領で1万5千の兵を連れて参戦したことになっている。しかし、実際の石高は約36万石とされ、8千人が適切な動員兵力であるため、8千人とする説もある（『朝野旧聞裒藁《ちょうやきゅうぶんほうこう》』など）。これだけで倍ほども違う兵力差が見られるのだ。また、他の武将にしても『日本戦史 関原役』に記される兵力は、基本的には諸大名の石高をもとに動員数を算出したアバウトなもので、史料を明確に参照したわけではないことに留意する必要がある。

司馬遼太郎の小説をはじめ、関ヶ原の戦いを扱ったメディアでは東軍の兵力は7万5千

石高から算出した東西両軍の動員可能兵力

西軍				東軍					
関ヶ原本戦				関ヶ原本戦				南宮山及び大垣の備え	
石田三成	5,820	木下頼継	750	徳川家康	30,000	藤堂高虎	2,490	池田輝政	4,560
伊藤盛正	900	平塚為広	360	福島正則	6,000	寺沢広高	2,400	淺野幸長	6,510
岸田忠氏	300	戸田重政	300	黒田長政	5,400	生駒一正	1,830	山内一豊	2,058
豊臣麾下ノ士	1,000	脇坂安治	990	細川忠興	5,100	金森長近	1,140	有馬豊氏	900
島津義弘	800	小川祐忠	2,000	井伊直政	3,600	吉田重然	1,020	堀尾忠氏	5,100
島津豊久	858	朽木元綱	600	本多忠勝	500	織田有楽	450	中村一忠	4,350
小西行長	6,000	赤座直保	600	松平忠吉	3,000	有馬則頼	300	水野勝成	900
宇喜多秀家	17,220	小早川秀秋	15,675	京極高知	3,000	分部光嘉	300	西尾光教	600
川尻直次	300	毛利秀元	16,000	加藤嘉明	3,000			一柳直盛	1,050
糟谷宗孝	360	長宗我部盛親	6,660	田中吉政	3,000				
大谷吉継	1,500	長束正家	1,500	筒井定次	2,850				
		安国寺恵瓊	1,800						
兵力 82,293				兵力 75,380				兵力 26,028	

※参謀本部『日本戦史 関原役』を元に作成
※吉川広家の兵は毛利秀元の兵に含む

程度、対する西軍は10万余と記されることが多い。しかし、『日本戦史 関原役』の兵数を合計してみると、東軍は開戦当初から9万を優に超え、片や西軍は8万強。東軍を7万5千とするのは南宮山《なんぐうさん》の守備隊約2万（浅野幸長《あさのゆきなが》他）などを計算に入れていないからだ。

開戦後はよく知られる通り、毛利《もうり》軍の傍観、小早川秀秋の裏切りなどで西軍の実質的な兵力は3万1千程度にまで減少した。対する東軍は12万近くにまで膨れ上がり、実に約4倍の兵力差がついた。『日本戦史 関原役』の数字は、ある意味でこの合戦の経過及び結果を明確に伝えているといえよう。

Q33 全国を舞台とした大合戦において なぜ**決戦地が関ヶ原**になったのか?

関ヶ原は美濃（現在の岐阜県）の西端にあり、南北を山岳に囲まれた狭い盆地ながら、古くから交通の要衝として知られていた。672年に起きた「壬申《じんしん》の乱」の激戦地にもなり、その翌年には「不破関《ふわのせき》」が設置され、ここから東を「関東」と呼ぶようになった。いわば、西と東との境界線に最もふさわしい場所といえるだろう。

だが、関ヶ原の戦いの決戦地となった要因を一言で表すのは難しい。戦場となった理由は、あくまで刻々と動き続けた戦況や地理的な事情であって、合戦当初から、あらかじめ「関ヶ原で決戦しよう」と取り決めて戦ったわけではないからだ。

戦況の経過としては徳川家康《とくがわいえやす》が会津征伐のために京・大坂を離れた。その隙に石田三成《いしだみつなり》が反・徳川の兵をあげた。三成の本拠地は近江・佐和山であり、必然的にそれより東に兵を向けることになった。また三成ら西軍が守るべきは京・大坂であるため、東軍に突破されないよう防衛線をできるだけ東へ移す必要もあったのだ。

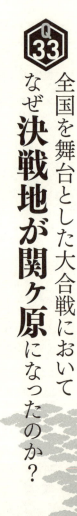

関藤川より大木戸坂を登り切った辺りに不破関守の屋敷があった

当初、三成は尾張・三河辺りの東海地方まで進出しようと考えていたが、東軍の動きが速く、西進を防ぎきれなくなって美濃まで後退。西軍は大垣城を新たな拠点に選ぶも、戦略上の理由から城を捨てて野戦に切り替える必要に迫られ、その結果として選ばれたのが関ヶ原であった。一方の東軍も、西軍を大垣城から誘い出そうとしていた所で西軍が城を出たため、後を追う形で関ヶ原に駒を進め、決戦に臨んだのである。

約千年前の「壬申の乱」の激戦地が再び、歴史の表舞台に登場したのは歴史の偶然であり、また必然でもあったのかもしれない。

Q34 西軍と東軍という**呼称**は当時は使われていなかった？

紅白歌合戦の両チームを紅組と白組と呼ぶように、私たちは関ヶ原の戦いにおける両陣営を東軍・西軍、あるいは徳川方、豊臣《とよとみ》方（石田方）と呼んでいる。

しかし、当時は東軍・西軍という呼び方はなかったようだ。その呼称は江戸時代に成立した軍記物にルーツがあり、『石田軍記』（１６９８年成立）が初出と見られる。すでに合戦から百年近く経ってからの軍記物だ。それまでは「御敵《おんてき》」「身方（味方）」にはじまり、「敵軍」「狂徒」「逆徒」などと記されていた。これは徳川家及び幕府体制化にあった大名たちに伝わる軍記や史料だからで、必然的に徳川方は「味方」であり、石田方は「御敵」「逆徒」と記されたためである。

もっとも、『石田軍記』が登場してからも、東軍・西軍の呼称が直ちに定着したわけではなかったようだ。その後の『関ヶ原御合戦物語』（１７０６年）では「東国方」「西国勢」などとあり、『北藤録《ほくとうろく》』（１７５９年）では「逆徒」「石田方」とある。ここで「石田方」という表記がはじめて出てきているが、「徳川方」の表記がないのは興味深い。江戸時代は、お上である徳川の名を、呼び捨て同然に記せるようなご時世ではなかったのである。

名前の表記も石田三成については「御敵治部少《おんてきじぶしょう》」「石田治部」「逆徒三成」とあるのに対し、徳川家康は「内府公《ないふこう》」「御大将軍」「家康公」「権現様《ごんげんさま》」「神君《しんくん》」など神格化を窺わせる表し方だった。

また、合戦が行なわれた場所も家康が伊達政宗《だてまさむね》に送った書状には「於濃州山中《やまなか》及一戦」と書いたり、別の手紙には「濃州口」「大柿（大垣）」という表記が見られるなど、一定しなかった。「関ヶ原の戦い」と呼ばれるようになったのも、合戦が終わって何年も経ってから、ようやく定着したようである。

研究者の白峰旬《しらみねじゅん》氏は、現在のように東軍・西軍という表記が定着したのは、明治時代に参謀本部が作った『日本戦史』が源流と推測している。それを資料とした司馬遼太郎も、小説『関ヶ原』では読者に伝わりやすいように東軍・西軍の表記を使用したのだろう。

ただ「関ヶ原の戦い」を少しでも深く知った人は、この合戦が単純な東西の対抗戦ではなく、また徳川対豊臣という構図に二分化されたものでもなかったことに気付くだろう。こうした点を勘案し、東軍・西軍という呼称を一切使用しない研究者もいる。

Q35 三成たち西軍が大垣城を拠点としたのはなぜか？

石田三成ら西軍諸将が根拠地とした大垣城。岐阜城と関ヶ原のほぼ中間に位置し、東に木曽三川《きそさんせん》（木曽川・長良川《ながらがわ》・揖斐川《いびがわ》が流れ、秀吉が「大事のかなめ之城」（一柳文書）と称していた。岐阜城が落とされた以上は、この大垣が西軍にとって「最後の砦」だった。

事実、決戦前日の9月14日まで東西両軍は、この城を中心に布陣していた。大垣での籠城戦を想定していた将兵も多かったはずである。『慶長年中卜斎記《けいちょうねんじゅうぼくさいき》』によれば、9月13日に岐阜へ入った家康は、14日の夜明けに長良川を渡り、西美濃の赤坂へ進出した。慎重を期し、西軍主力が籠城する大垣城の北へと迂回したのである。

攻城戦を避けたい家康は西軍を大垣城から誘い出そうとした。「佐和山を攻め、大坂を狙う」との偽報や、また「東軍が水攻めを行なう」という噂も流したという。低湿地帯にあり、水攻めをしやすい地形でもあった。直接の原因は別（Q39）ともいわれるが、そうした工作も功を奏したのか、やがて西軍は大垣城を出て関ヶ原へと陣を移すに至った。

Q36 杭瀬川の戦いにおいて島左近が討って出た理由とは？

江戸を発った徳川家康が、美濃赤坂（現在の大垣市赤坂町）に到着したのは、決戦前日にあたる9月14日のことだった。家康は、先行していた本多忠勝《ほんだただかつ》や井伊直政《いいなおまさ》らが本陣を構築していた、赤坂の岡山にある安楽寺《あんらくじ》へ入る。この報に東軍諸将は沸き返った。

一方、大垣城で守りを固めていた西軍諸隊には動揺が広がった。岡山は大垣城の北西4kmほどの距離にある。激突は必至のうえ、情勢は不利。兵士の逃亡も相次いだ。

この事態に、島左近《しまさこん》は偵察も兼ねての先制攻撃を提案。自らが囮《おとり》となって、大垣城と赤坂の中間部にある杭瀬川《くいせがわ》へと出撃した。左近は兵を二隊に分け、一隊は川辺に伏せさせ、もう一隊は川を渡って刈田をするよう命じた。すると目と鼻の先にいた東軍・中村一氏《なかむらかずうじ》や有《あり》馬豊氏《まとようじ》の軍勢が誘い出された。左近は負けたふりをして逃げ、中村・有馬はその後を追う。すると伏兵が湧き出し、中村・有馬は40人ほどの被害を受けて退却したという。これで西軍諸将は士気を取り戻した。小競り合いながら、効果は大きかったようだ。

Q37 なぜ毛利軍は戦場が見渡せない南宮山に陣取ったのか？

一般に流布した関ヶ原の布陣図（『日本戦史 関原役（附表・附図）』収載の「関原本戦之図」が元資料）によれば、南宮山に毛利秀元《ひでもと》軍や吉川広家《きっかわひろいえ》軍など約2万6千が布陣し、ちょうど東軍の背後をとっているように見える。「西軍有利の陣形」とされる所以《ゆえん》の一つだ。

しかし、この布陣図は当時の状況を考えた場合、色々と無理が生じてくる。まず、南宮山は東西に長い山で、西側には南宮山の西峰や家康が本陣を置いた桃配山《ももくばりやま》が位置し、その向こうに関ヶ原がある。つまり関ヶ原は毛利軍が布陣していた南宮山の東側からは、まったく死角になる。これでは当日、戦況を把握することは極めて難しい。

一方、逆の東側には西軍がいた大垣城や、家康が決戦前日の14日に布陣していた赤坂岡山があり、いずれも南宮山からは良く見下ろせる。家康が大垣城を攻撃した場合には、山を駆け下りて背後を突くことも可能だった。しかし、実際には大垣城攻めは起こらなかった。西軍は9月14日、大垣城を捨てて関ヶ原へ西進。その報を受けた東軍も関ヶ原へ向

毛利秀元・吉川広家が陣を張った南宮山

かった。毛利軍が動くとしたら、この時だった。夜に山を降りることは難しいにしても、山麓近くの部隊が進路を阻害するぐらいはできたはずだが、傍観した。

これは戦前に吉川広家が黒田長政《くろだながまさ》を介して東軍に人質を送り、内通していたからだ。大将の秀元は従兄の広家に指揮を一任していた。東軍への内通を知らなかったか、あるいは黙認したともいう。関ヶ原決戦以前より、毛利には東軍と戦う気はなく傍観を決め込む覚悟であったようだ。家康は毛利が攻撃してこないと確信し、南宮山と尾根伝いにつながっていた桃配山に、安心して本陣を置くことができたのである。

Q38 小早川秀秋が**松尾山城**に入城したのはなぜか？

関ヶ原の南西にそびえる松尾山《まつおやま》は標高292mの山であり、南北朝時代から利用されてきた山城の跡で、有事ともなれば大軍が布陣できるだけの堅固な拠点でもあった。

「江濃之境目松尾之城、何れの御番所にも中国衆入可被置、御分別尤にて候」と石田三成が決戦3日前の9月12日、増田長盛《ましたながもり》に宛てた書簡にある。松尾山城に中国衆（毛利軍）を入城させる狙いであったようだ。ところがその2日後の14日、小早川秀秋の軍が松尾山へ押し寄せ、そこに陣取ってしまう。三成は松尾山を、元は大垣城主であった伊藤盛正《いとうもりまさ》に守らせていたが、小早川軍は1万5千（一説には8千とも）の大軍。盛正はあっさりと城を明け渡して逃げてしまった。

秀秋は開戦当初、家康の会津征伐には加わらずに京都に在陣していたが、やがて京・大坂が西軍に制圧されたことを受け、これに味方。伏見城攻めでは総大将を務めた。だが、本意ではなかったようである。秀秋は秀吉の死後に筑前国名島《なじま》36万石に復帰しているが、これ

大谷吉継の陣跡から小早川秀秋が陣を張った松尾山を望む

は家康の口利きによるもので、家康に恩義があったとされる。伏見城攻略後、秀秋は三成ら西軍首脳の指示で伊勢方面平定を任されるも従わなかった。彼の複雑な胸中を示すかのようだ。

動向が注目されていた秀秋に対し、熱心に働きかけたのは東軍だった。黒田長政と浅野幸長は「政所様のために」と二度も書状を送り、北政所《きたのまんどころ》（寧々）の名をあげて家康への加担を促した。また14日には家康から上方二か国を与えるなどの約束状も届けられている。14日の秀秋の松尾山入城は、その時点で西軍に反旗を翻し、東軍につく姿勢を明確にした行動だったといえよう。

Q39 有利なはずの大垣城を捨てて西軍が**関ヶ原に移動**したのはなぜ？

三成を首脳とする西軍が大垣城を捨て、関ヶ原へ出て野戦に臨んだ理由は従来、「東軍が佐和山を屠って大坂へ出るらしい」（小説『関ヶ原』）といった偽情報に釣り出されたという説が有力視されていた。だが、それは主に軍記物の記載をもとにしたものだ。

三成が山中村郷士に宛てた書状の写し（関ヶ原町歴史民俗資料館蔵）には「関ヶ原にて関東勢と合戦に及ぶ」「(道) 案内の事、頼み存じ候……」などとある。この書の奥書の日付は9月10日で、大垣城を出る4日前に書かれたようである。それは家康が偽情報を流したとされるより前を意味し、三成は自発的に城を出る準備をしていたとも読める。

一方で、『大日本古文書』による吉川広家自筆書状案には、「小早川秀秋は逆意が早くもはっきりした。山中の大谷吉継の陣が心もとなくなったので、大垣衆は城を引き払った」とあり、移動が拙速な形で行なわれたことを伝える。

秀秋の松尾山布陣は9月14日であり、これによって関ヶ原西方の山中《やまなか》で陣地を構築する

西軍の本拠地となった大垣城。写真の銅像は初代藩主の戸田氏鉄

吉継（一説に9月3日、山中着陣）が危うくなった。秀秋が早いうちから東軍側であったことは三成ら西軍諸将もよく知っていたと思われる。西軍は大谷吉継の救援を急ぐため、予定よりも早く関ヶ原へ移動した。そのように以上の記録からは読み取れるのである。

一方の東軍だが、「十四日の宵までは決定（必ず）合戦あるべきとも知れ申さず候」（『綿考輯録《めんこうしゅうろく》』）とあり、細川忠興《ほそかわただおき》などは14日の夜までは翌日に合戦があるとは思っておらず、それを知ったのは、ほぼ直前だったとされる。よって、単に「東軍が西軍を関ヶ原へ誘い出した」という従来の説には疑問符をつけざるを得ない。

Q40 家康はなぜ**秀忠を待たず**に**進軍**しなければならなかったのか?

8月5日より、1か月にわたって江戸城に籠もっていた家康が出陣を決意したのは8月27日のことだった。「岐阜城が去る8月23日に陥落した」との知らせが、その日に家康のもとへ届いたのである。岐阜城を落とした福島正則《ふくしままさのり》らは、24日には赤坂まで進出。石田三成らがいる西軍拠点・大垣城まで4㎞の所に迫っている。

この知らせに、家康は喜ぶどころか焦ったはずである。江戸に留まったまま、つまり徳川不在のまま戦が終わってしまっては、戦後の政治の主導権を徳川が握ることなどできない。家康は「我ら親子の到着をお待ちあるべく候」と最前線の武将たちへ書き送り、また東山道を行く秀忠にも「急ぎ西上せよ」との指示を送った。その上で当初は9月3日とした予定を1日に繰り上げ、ただちに出陣したのである。

9月11日、家康は尾張・清洲に到着したが、そこで秀忠の軍勢がまだ信濃から出ていないと知って愕然となった。家康が出した使者は川止め(河川の増水)に遭って遅れ、小諸の

家康が本陣とした美濃赤坂の安楽寺

秀忠陣地に着いたのが9日。秀忠が小諸を発ったのは翌10日のことだったのである。非常事態だが、やむを得ぬ……。家康は頼みとしていた秀忠軍なしに、いわば徳川軍の片翼が欠けた状態で美濃赤坂の本陣に到着した。

一方、こんな異説がある。家康は徳川及び譜代の兵力を温存したいがため、秀忠軍の到着をわざと遅らせたというものだ。だが、この時点での両軍戦力の優劣はつけがたく、そんな余裕があったとは思えない。それでは秀忠のもとにいる榊《さかき》原康政《ばらやすまさ》や本多正信《まさのぶ》以下、譜代の家臣の活躍の場を、はじめから奪うことにもなる。以上からこの異説は考えにくい。

Q41 西軍有利が強調される関ヶ原の布陣図は正しいのか？

明治時代、日本に軍事専門家として招かれたクレメンス・メッケルが、関ヶ原の戦いの布陣図を見て、即座に「西軍の勝ち」と言ったという有名なエピソードがある。
だが、そうした逸話によらずとも「最初は西軍有利だった」説は根強い。司馬遼太郎は『関ヶ原』で「陣形の点でも西軍は圧倒的に有利で、東軍に対しほぼ完全な包囲陣形をとっており、図上作戦的にいえば戦わぬまえから三成の勝利は約束されているといっていい。」と書いた。その根拠となる史料が、『日本戦史 関原役（附表・附図）』収載の「関原本戦之図」だ。巻間に出ている関ヶ原の布陣図の大半は、この布陣図がもとになっているといって良いだろう。西軍が高所に陣取り、鶴翼の陣を布き、さらに南宮山の毛利勢と「掎角《きかく》の勢《せい》」を成して東軍を包み込んだ形ができあがっている。

だが関ヶ原に布陣した時点で、西軍は有利でもなんでもなかった。まず、Q38でも解説したように、陣形の右翼を成す小早川秀秋は当初から東軍に与していた可能性が高い。ま

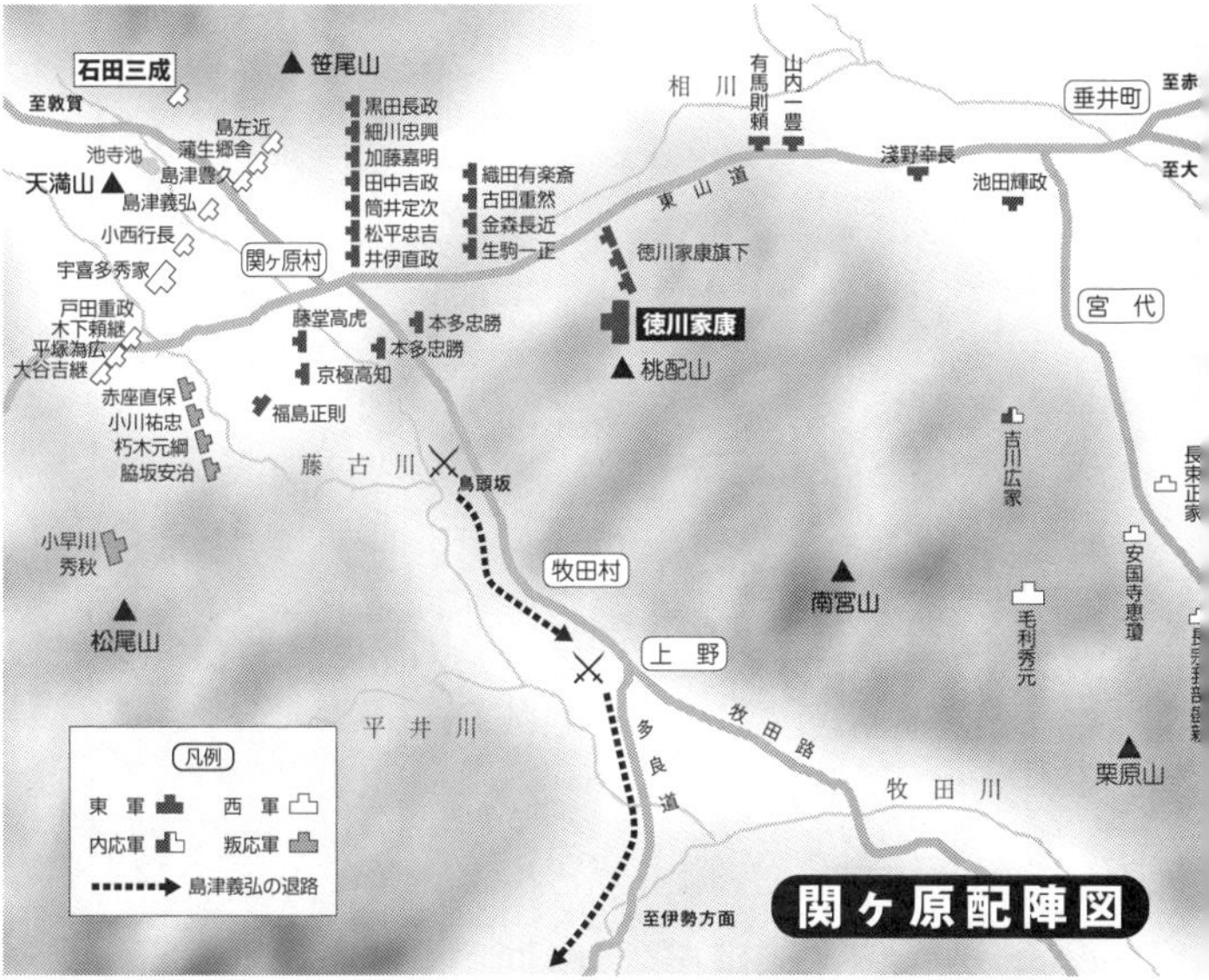

関ヶ原配陣図

た南宮山の毛利勢も、山麓付近に布陣する吉川広家が東軍に与し、戦わなかったどころか、最初から戦意もなかった（Q37）。白峰旬氏などによる近年の研究では「関原本戦之図」自体の信憑性を問う意見もあるが、小早川・毛利を計算に入れない場合、西軍は鶴翼の陣を布くどころではなく、山際に追い詰められているような形になる。しかし後世において、「関ヶ原の戦い」を論じる際、不利だったはずの東軍が勝利した、とした方がよりドラマチックになる。それが西軍有利説が信じられやすい要因ではないだろうか。

Q42

石田三成が関ヶ原西北の一番端に陣を構えたのはなぜか?

関ヶ原の戦いにおいて、西軍の事実上の大将はもちろん石田三成であった。しかし三成陣跡は、関ヶ原をぐるりと囲む山々の西北の最も端に位置する笹尾山《ささおやま》で、大将がどっかり構える要害にふさわしいとはいえない。笹尾山は、家康本陣の桃配山や小早川秀秋陣所の松尾山も含め、関ヶ原全体を見渡すことができる「好処」ではある。最も逃げ易い場所ともいわれるようだが、三成がここを陣所とした本意は、何だったのだろうか。

決戦当日の西軍には、出陣を再三打診した毛利輝元の本隊や豊臣秀頼といった求心力のある総大将がいなかった。本陣にふさわしい要害は、山城として整備された松尾山だったが、ここには裏切りが最も疑われていた小早川秀秋が強引に布陣していた。

それでは、戦略上の重要拠点はどこだろうか。関ヶ原ではまず、近江・京都へ続く東山《とうさん》道《どう》(中山道)と、北陸方面へ抜ける北国街道《ほっこくかいどう》であろう。この両街道を抑える位置に布陣したのが、大谷吉継と石田三成である。先着した大谷隊は真っ先に、東山道が通る山中村に

石田三成が陣を張った笹尾山から関ヶ原を望む

布陣した。そして後に着いた石田隊が、北国街道を見下ろす笹尾山に入った。石田隊陣地は、西軍の陣で唯一と言っていい低地も擁していた。殺到する敵を、士気の高い石田隊が請け負う目算だったのだろう。また、小西行長隊の北天満山《きたてんまやま》麓から北国街道に向かって、土塁《どるい》やそれらしき高まりが確認できるといい（三池純《みいけよし》正《まさ》『敗者から見た関ヶ原合戦』）、石田隊による街道封鎖が土塁普請《どるいふしん》で実行された可能性もある。

　事実上の大将だった三成だが、要害に拠ることを選択せず、あくまで戦略的重要拠点を死守する「実戦部隊にとっての好処」に布陣したといえるであろう。

Q43

西軍最多1万7千の兵力で戦った 宇喜多秀家隊の内実は？

西軍最大規模の軍勢を率いて南天満山《みなみてんまやま》に布陣した、宇喜多秀家《うきたひでいえ》。外様の子ながら豊臣秀吉が特に引き立てた養子で、20代にして豊臣政権の五大老に名を連ねた。本戦では、東軍先鋒の福島正則隊と真っ先に激突。大谷吉継隊が崩れるまでは一進一退の攻防が続いており、宇喜多隊は善戦した印象がある。しかし宇喜多隊約1万7千、福島隊約7千2百。2倍以上の兵数で地の利も得ていた上でのこの苦戦には、疑問が生じる。

宇喜多隊で奮戦が伝えられるのは、後年大坂の陣でも活躍する明石全登《あかしてるずみ》である。豊臣政権下での戦果も、彼ら先代からの優秀な重臣たちの働きによるところが大きかった。ところが『浮田家分限帳《うきたけぶんげんちょう》』に見える関ヶ原合戦時の宇喜多隊は、従来いた旗頭《はたがしら》（陣大将）6名のうち4名が欠け、組頭・与力・足軽まで含めると、半数以上が離反しているのである。この原因は、慶長4年（1599）に起こった内紛、いわゆる「宇喜多騒動」である。

この騒動は秀家側近の中村次郎兵衛《なかむらじろべえ》と重臣の戸川達安《とがわみちやす》・岡貞綱《おかさだつな》らの軋轢《あつれき》にはじまり、秀

南天満山にある宇喜多秀家の陣跡

家と従兄弟の宇喜多詮家《あきいえ》の対立にも発展した。徳川家臣の榊原康政と大谷吉継の調停も功を奏さず、徳川家康の裁量をもって収束をみたが、宇喜多家を見限って離反する者が相ついだため、関ヶ原前に大人数を補充したようである。離反後に徳川家臣となった者も多く、本戦では旧臣が秀家の旗本にも攻め入り、一説には2千名以上が討死したという。

　関ヶ原の宇喜多隊は、内紛によるダメージを回復できないまま、急拵えの軍編成で臨んでいた。そして騒動時に家康の介入を受けたことが、本戦で旧臣にまで攻め込まれ全軍が壊滅するという、辛い結果を招いてしまったことになる。

Q44 小早川秀秋の裏切りを予測していた大谷吉継は関ヶ原をどう戦った？

豊臣政権成立前からともに働いた盟友・石田三成の徳川家康打倒計画に、当初は無謀を説くも、熱意に折れて三成と運命をともにすることを決心した大谷吉継。豊臣秀吉没後はたびたび家康とともに政務に当たっており、家康の器量の大きさを認識していた吉継にとっては苦渋の決断だったであろう。しかし心を決めてからはハンセン病を患う体をおして、伏見城攻め、本拠地敦賀での前田利長《としなが》攻めなど、勝算を探って計画を実行した。

大垣城の西軍本隊に先行して、慶長5年（1600）9月3日に敦賀から直接関ヶ原入りした吉継が真っ先に陣を敷いたのは、東山道（中山道）を真下に見る山中村の高地だった。西進する東軍にとって、近江・京都へ続く東山道は是が非でも確保したい道である。

そして本戦前日の14日、裏切りが疑われた小早川秀秋が1万5千の大軍で強引に松尾山に入った。大谷隊陣地の南に位置する松尾山は整備された要害で、西軍総大将の毛利輝元や豊臣秀頼の軍勢を迎え入れたかったとみられる。しかし小早川隊の布陣により、吉継の

関ヶ原にある江戸時代に建立された大谷吉継の墓

軍勢は東南向きに構えて非常時に備えたという。東山道の抑え、裏切り濃厚な小早川隊の抑えと、大谷隊の陣地は西軍の勝敗を左右する最重要拠点であった。

本戦当日、危惧された裏切りが現実になり、小早川隊が大谷隊を急襲。吉継は冷静に対処し、戸田重政《とだしげまさ》・平塚為広《ひらつかためひろ》隊とともに奮戦して一旦押し返したが、吉継の寄騎であった脇坂安治《わきさかやすはる》ら4隊の想定外の裏切りによってついになす術がなくなり、陣中で自刃した。

病が進み、本戦では視力をほぼ失っていたという吉継だが、友のために戦を着実に組み立て、最重要拠点を引き受けて最善を尽くし、散っていったのである。

Q45 軍規を破ってまで抜け駆けした井伊直政の心のうちは？

関ヶ原の戦いで東軍の先鋒を務めたのは、豊臣秀吉子飼いの福島正則である。先鋒は武士にとって非常に名誉で、これを犯しての抜け駆けは軍規で固く禁止されていた。

ところが、霧中の睨み合いが続いていた本戦当日の朝、先鋒の福島隊をかすめて前線に出ようとする30騎ほどの赤備えの一団がいた。この日は全体の中軍に布陣していた、徳川本隊の先鋒・井伊直政と徳川家康四男・松平忠吉《まつだいらただよし》の選抜隊である。2人は婿と舅の関係で、直政は初陣の忠吉を後見するため行動をともにしていた。

福島隊の先駆けである可児才蔵《かにさいぞう》がこれを見咎めて制したが、直政は、これは抜け駆けではなく、初陣の忠吉に実戦を見せるために前線を回るだけだと答えた。そのまま前線に出たと思うと、西軍の宇喜多隊（島津隊とも）に向けて突如馬を揃えて攻撃を仕掛けた。発砲したともいうが、いずれにしても明らかな抜け駆けである。これを知って福島隊も宇喜多隊にいっせいに発砲し、決戦の火蓋が切られたのである。

井伊直政肖像（東京大学史料編纂所所蔵模写）

初期の資料には見えないため、この話は後年の創作だともいうが、主君家康が定めた軍規を、嘘をついてまで破って抜け駆けを決行した、直政の心のうちはどうだったのだろうか。

正則の先鋒指名は、豊臣恩顧の大名を繋ぎ止めるためだったといわれるが、それを不満に思う徳川家臣の意地だという見方がある。確かに本戦の布陣における徳川勢の存在感は希薄で、東軍が勝っても豊臣恩顧の大名ばかりが名をあげることになる。せめて「徳川の戦」として開戦したかった徳川家臣の心情の表れなのかもしれない。正則が抜け駆けを不問にしたのは、武士の情けだろうか。

Q46 最も多くの首を獲った「笹の才蔵」こと可児才蔵の活躍とは？

関ヶ原本戦で、17（20とも）という個人で最多の首級をあげたのは、東軍福島正則隊の先鋒・可児《かに》才蔵《さいぞう》である。井伊直政の抜け駆けを咎めるも言いくるめられてしまったのも彼である。宝蔵院流槍術《ほうぞういんりゅうそうじゅつ》を学んだといい「槍の才蔵」の異名もある武辺者だが、主家を転々としており、諸説あるが歴代主君には、斎藤龍興《さいとうたつおき》・柴田勝家《しばたかついえ》・明智光秀《あけちみつひで》・前田利家・森長《もりなが》可《よし》・織田信孝《のぶたか》・豊臣秀次《ひでつぐ》・佐々成政《さっさなりまさ》といった名が並ぶ。福島正則は最後の主君である。

獲った首を腰にぶら下げるのは面倒だと討ち捨て、目印に指物である笹の枝から葉をちぎっては首の切り口に刺した、またはくわえさせたため「笹の才蔵」の異名が付いたという。家康がその勇猛ぶりを喜び「笹の才蔵とでも名乗れ」と言ったとの逸話がある。

正則の転封に伴い広島に移り、自身の予言通り信仰する愛宕権現《あたごごんげん》の縁日に死去した。潔《けっ》斎《さい》し死装束を着て、薙刀を手に床几に腰掛けたままの姿だったという。武士からの人気は高く、才蔵の墓がある才蔵寺門前では、下馬して一礼する習慣があったそうである。

Q47 最強武将「軍監」本多忠勝は本戦で何をしていた？

徳川家中きっての武闘派、徳川四天王の一・本多忠勝。戦国時代最強とも謳われた武将である。関ヶ原の戦い当時は齢50過ぎ。豊臣恩顧の大名が多くを占めた東海道西上軍に、軍規違反がないかどうかの監督や手柄の見極めをする「軍監《ぐんかん》」として従軍していた。

10万石の大身である本多家の兵数約3千のうち、主力は東山道の徳川秀忠軍にあった嫡子・忠政《ただまさ》が率いており、忠勝の手勢は５００程度だったが、本戦前には井伊直政とともに西軍諸大名への寝返り工作に尽力し、前哨戦である竹ヶ鼻城《たけがはなじょう》・岐阜城攻めにも参戦した。

本戦では、井伊直政・松平忠吉隊とともに最前線の後方、中軍に布陣した。背後に控えた西軍の毛利・長宗我部《ちょうそかべ》隊が気になり浮き足立つ東軍諸隊を落ち着かせ、機をみて戦場を縦横に進撃、陣形立て直しの指揮をし、終盤には敵中突破した島津軍を猛追・捕捉した。愛馬を撃たれて落馬するも、終わってみれば軍監部隊ながら90もの首級をあげていた。戦場での采配を福島正則が絶賛したが、「敵が弱すぎただけ」と言ってのけたという。

Q.48

徳川家康が桃配山から本陣を前進させたのはなぜか？

決戦当日、高所に陣取る西軍に対し、東軍は平地に展開して攻め上がることを余儀なくされた。徳川家康が本陣を構えたのは桃配山の中腹。東軍諸隊の後方、東山道沿いの高台である。しかし開戦の数時間後には、石田三成陣の笹尾山まで約６００ｍの平地に前進している。後方の南宮山方面には毛利秀元隊などが控えており、下山して敵の懐に本陣が移動することは極めて危険である。家康は、なぜこのような危険を冒したのだろうか。

開戦から数時間。内応諸隊が約定通り動かなかったため、東軍は約2倍の戦力で攻め込んでいた。しかし、明石全登が奮戦した宇喜多秀家隊、小隊相手で優位だった小西行長隊、戸田重政・平塚為広がよく防いだ大谷吉継隊、島左近被弾後も戦意を失わなかった石田隊と、西軍諸隊が善戦しており、攻めあぐねた家康が苛立って本陣を動かしたといわれる。

本陣の前進によって膠着状態の戦況は動くであろう。味方の士気を高めるには効果絶大だが、南宮山の西軍が一気に動けば全滅必至である。しかしこの時、南宮山の備えのうち山《やま》

徳川家康が本陣とした桃配山

内《うち》一豊《かつとよ》隊なども前線に投入しており、家康はこの時点で南宮山の部隊が動かないと踏んだ（三池純正『敗者から見た関ヶ原合戦』）という見方もある。

大きなリスクを背負った本陣の前進は、家康の焦りや苛立ちゆえでもあり、味方の士気高揚を冷静に狙ったゆえでもあるだろう。しかし一番作用したのは、若い頃から戦に明け暮れながらもしぶとく生き残ってきた男の「カン」なのかもしれない。危険な賭けだったが次第に戦況は好転をみせ、体を張った家康の迫力が、ついに小早川秀秋に裏切りを遂行させた。勝負の分かれ目を見切り、自ら動き勝ちを引き寄せた家康は、さすがである。

Q49 島津隊が石田三成の援軍要請を**あっさり拒絶**した理由とは？

島津義弘《しまづよしひろ》隊先鋒の島津豊久《とよひさ》が、関ヶ原本戦で騎乗のまま石田三成の援軍要請を伝えた兵を追い返し、三成自身の要請にも「面々切《めんめんぎり》に（それぞれ勝手に）」戦うと拒絶した話はよく知られている。勇猛果敢な島津隊が、なぜ土壇場で三成最後の要請を蹴ったのであろうか。

これまで語られてきたのは、島津義弘と三成の不仲説である。その要因は、前哨戦のひとつ合渡川《ごうとがわ》の戦いの際、三成が島津兵を置き去りにして退陣したことと、本戦前夜の島津の夜襲案を三成が一蹴したことだという。それで本戦でもヘソを曲げ、豊臣への恩義のために戦場には出るが積極的に戦闘に参加せず、傍観していたというのである。

しかし桐野作人《きりのさくじん》氏の『謎解き関ヶ原合戦 戦国最大の戦い、20の謎』によると同時代史料には、合渡川で三成が退陣再考の訴えを拒絶したという記述はあるが、島津側の兵はむしろ三成のことを好意的に記しているという。さらに、島津側・東軍側の多くの史料のどちらにも、島津隊が本戦では、二備・二番備・宇喜多隊後方・石田隊後方・横陣備など、先

神明神社北西にある島津義弘の陣跡

鋒ではなく二陣や後陣であったことが記されているという。そのため、予備軍の島津隊が待機するのは当然、三成と主従関係にない島津が参戦の潮時を自己判断するのも当然としている。義弘と三成が開戦後も数回打ち合わせをしたとみられる史料もあり、巷間語られてきた不仲説や傍観説は、後世の創作の可能性が高い。

三成の援軍要請時には小早川秀秋の裏切りが露見または実行されていたようで、島津隊が三成最後の必死の要請を拒絶した本当の理由は、百戦錬磨の島津が戦はすでに決したと見切り、援軍投入の有効性を否定して三成の未練を断ち切った、ということなのかもしれない。

Q50 苛立った徳川家康が一斉射撃で小早川秀秋を威嚇したのは創作か？

開戦から3時間以上が経過。徳川家康が本陣を前進させてからも激戦が続いていた。南宮山方面の諸隊が動かないとほぼ確定した今、戦の趨勢を握るのは、裏切りを約束した松尾山の小早川秀秋である。小早川陣に家康側から送られた軍監が再三の実行を促しても、秀秋の家老・平岡頼勝《ひらおかよりかつ》は「その機はわれらに任せられるべし」と動かない。石田三成の狼煙にどの隊も無反応だったことには安堵したものの、秀秋の内応を再確認したり、何度も「倅（秀秋）めに計られた」と言って指を噛んだり、家康の焦りと苛立ちは頂点に達した。ついに小早川陣に向けて鉄砲で威嚇射撃を命じ、この音に驚いた秀秋がようやく采配を振り、小早川隊が西軍の大谷吉継隊に攻めかかった。というのが従来の通説である。

しかし現地に立てば、小早川隊の松尾山と前進した家康の本陣があった陣場野とはかなりの距離があることがわかる。銃声や怒号が充ちる戦場で鉄砲を放ったところで、識別できそうにないし、黒煙や砂埃によって目視も危うい。ならば大砲を打ったのでは？ともいわ

小早川秀秋が陣を張った松尾山から関ヶ原を望む

れるが、たとえそれが着弾しても、家康陣からの弾だと即断するのは難しい。そのため、「松尾山麓にいた小早川家臣への『合図』だった」（三池純正『敗者から見た関ヶ原合戦』）、「家康の使者が威嚇射撃を知らせた」（武光誠《たけみつまこと》『関ヶ原―誰が大合戦を仕掛けたか』）など、諸説紛々としている。

実際、この通説は江戸時代の軍記物にみられるエピソードで、創作の可能性が高い。同時代史料には開戦とほぼ同時に小早川隊が西軍を攻撃したと記されているそうで（黒田基樹《くろだもとき》『小早川秀秋』）、この威嚇射撃が史実かどうかには、充分に検証の余地がありそうである。

Q51 吉川広家に出陣を阻止された毛利が「弁当」を言い訳にしたのは本当か？

「毛利両川」と称された吉川家と小早川家が支えた毛利家は、豊臣政権下では石田三成と近かった毛利の外交僧・安国寺恵瓊《あんこくじえけい》が台頭し、中央政権の影響を強く受けていた。徳川対石田の対決が激化すると、三成と恵瓊は毛利家当主の輝元を西軍総大将に担ぎ上げた。徳川有利と見ていた広家は、主家を守るため極少数の重臣と計って徳川方に、三成と恵瓊の画策に輝元は無関係だと訴えた。以降極秘裏に東軍と通じたが、関ヶ原前哨戦の安濃津城《あのつじょう》攻めでは、広家はやむなく西軍主力として出陣、自軍に多くの犠牲を出した。

本戦前には、輝元養子の秀元とともに関ヶ原の東に位置する南宮山に布陣した。この山を中心に吉川と安国寺、さらに長宗我部盛親《もりちか》・長束正家が布陣したが、広家は先鋒として麓に陣取った。決戦前日に徳川・毛利の和議を再確認、じつは戦後も奔走することになるのだが、この時点では主家安泰のため、残るは南宮山諸隊を釘付けにするのみであった。

南宮山各陣からは関ヶ原が一切見えないが、狼煙を確認した諸隊から出陣の問い合わせや

吉川広家肖像（東京大学史料編纂所所蔵模写）

要請が相次いだ。広家は、恵瓊に「坊主に戦の何がわかる」と言い、他にも「霧が深いので出陣はまだ」などと言い訳をして出陣を拒み続けたといい、このため南宮山諸隊は最後まで動くに動けなかった。先鋒を侵すのは重大な軍規違反であるため、広家はそれを盾に取ったのだろう。そして長宗我部隊の出陣要請に秀元が、「兵に弁当を食べさせている」と苦し紛れに答えたことが「宰相殿の空弁当」（「空弁」とも）の故事となって語り伝えられている。この広家の言い訳と秀元の弁当発言は、史料にあったようだが、原典がはっきりせず史実かどうか確認がとれない。

Q52 「治部少に過ぎたる」武将 島左近の**本戦での活躍**は？

「治部少（石田三成）に過ぎたるものがふたつあり島の左近に佐和山の城」。三成が自身の禄の半分を差し出して迎えたと語られる島左近は、こんな戯れ歌をもって羨まれるほどの、知勇兼備の著名な武将であったが、その前半生はよくわかっていない。

「左近」は通称で「清興《きよおき》」（『多聞院日記《たもんいんにっき》』など）が正しい名前のようである。大和の筒井《つつい》家に仕え出自も大和だというが、他に近江、尾張、対馬など諸説ある。また、関ヶ原決戦前日に左近自身が語ったと伝わる話によると、武田信玄《たけだしんげん》の部将・山県昌景《やまがたまさかげ》麾下《きか》であった時に徳川家康を敗走させたことがあったらしい。久々に家康の敗走する姿が見られるのが楽しみだと豪語したというが、これは味方を鼓舞するためであっただろう。

決戦前日の左近といえば、「杭瀬川の戦い」が有名である。大垣城の西軍諸隊は、杭瀬川を挟んだ対岸の岡山に家康本陣が突如出現したことに激しく動揺した。そこで左近は少数で杭瀬川を渡って敵を挑発した。退却しつつ引きつけ、伏兵の宇喜多秀家隊が一斉射撃す

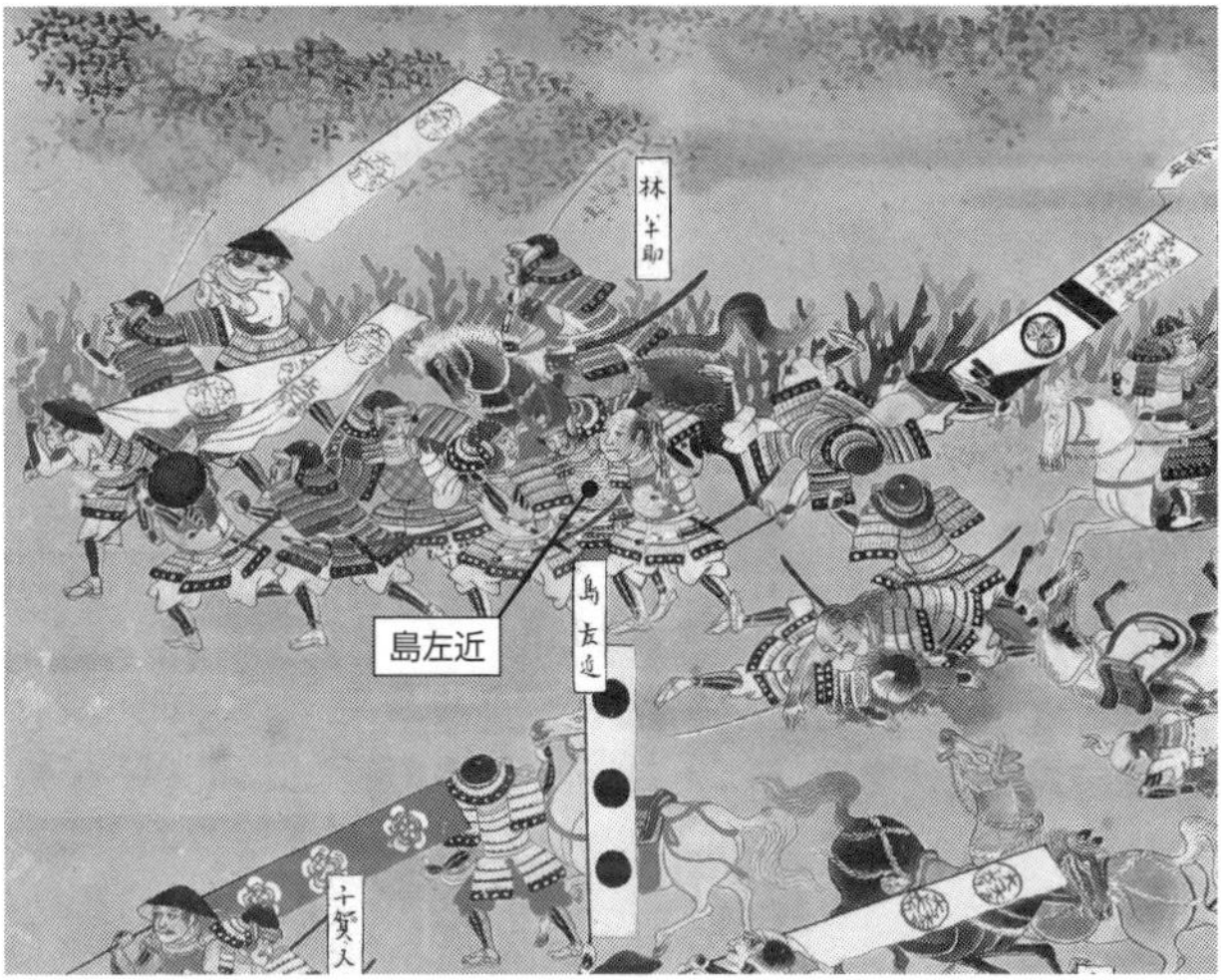

『関ケ原合戦図屏風』に描かれた、退却する島左近（関ケ原町歴史民俗資料館蔵）

る戦略が見事にはまり、味方の動揺を鎮めて士気を大いに高揚させたのである。

迎えた本戦では、左近は石田隊先鋒の一翼を担い、殺到する東軍の黒田長政・細川忠興隊などを一手に引き受けた。正面突破を困難とみて分散した黒田隊が側面の丘から射撃し、左近も被弾。一旦下がり再度前線に戻ったともいうが、その後の生死も不明である。

頼りにしていた左近が早々に重傷を負い、石田隊が大打撃を受けたことは間違いないが、西軍諸隊が崩壊する中で最後まで踏みとどまったのは、猛将・左近が味方の士気高揚に努め、その熱がくすぶり続けたからなのかもしれない。

Q53 若き日の宮本武蔵も関ヶ原の戦いに参戦していた？

「その雨は、武蔵の顔にも、そばの死骸にも、ばしゃばしゃと落ちた。」（吉川英治《よしかわえいじ》『宮本武蔵』）。宮本武蔵像を決定付けたこの小説は、17歳の武蔵が、合戦後に関ヶ原で負傷した体を横たえている場面からはじまる。作品の影響もあり、武蔵は若い頃関ヶ原の戦いに参戦したといわれている。作中は「浮田家」に従軍しているが、事実はどうなのだろうか。

武蔵の生涯は様々な伝説・逸話で彩られている。事実は不明なことが多いが、福岡黒田家の『黒田藩分限帖』に、関ヶ原以前に武蔵の父・新免無二《しんめんむに》が黒田家中にあったことが記されている。父とともに黒田如水《じょすい》（官兵衛）に従軍し、いわゆる「九州の関ヶ原」に参戦した可能性は高い。如水の子・長政に従軍し関ヶ原本戦に参戦したとする説もある。

黒田家臣の立花峯均《たちばなみねひら》が記した武蔵の伝記『兵法大祖《へいほうたいそ》武州《ぶしゅう》玄信公《げんしんこう》伝来《でんらい》』（『武州伝来記』）には如水軍にあって石垣原《いしがきばる》の戦いで奮戦したことが書かれている。いずれにしても、慶長5年のどこかの戦場に、若い頃の武蔵がいたことは確かなのかもしれない。

Q54 石田三成が笹尾山に据え付けて窮地の時に使用した**大砲**とは?

笹尾山の石田陣には終始東軍の部隊が殺到していた。奮戦を続けていたが、黒田長政隊の側面射撃によって島左近が被弾するや石田隊は一気に窮地に陥った。この時、三成が用いたのが、秘密兵器の大砲である。5門(または3門)の大砲を大坂城から運び出して据え付けておいたらしい。これが効果を発揮して押し返し、一時は優勢に立ったという。

戦国時代後期の日本では鉄製の「大筒」と銅製の「石火矢《いしびや》」が製造されたが、この時の大砲は「石火矢」とされている。爆発する「榴弾《りゅうだん》」はまだ使用されておらず、石火矢の弾丸は石製で殺傷能力は低い。にも関わらず効果を発揮したのは、三成がこれを散弾砲のように使ったのではと想像されている(笠谷和比古《かさやかずひこ》『関ヶ原合戦と大坂の陣』)。朝鮮出兵でこの種の大砲に秀吉軍が苦戦したことがあり、それを参考にした、もしくはこの種のものを使用したことも考えられるかもしれない。轟音だけでも敵は怯《ひる》むであろうが、野戦に適しているとは決していえない代物を、三成は何かしらの工夫をもって用いたのだろう。

Q55
戦場に取り残された島津隊が**敵中突破**を決行した理由とは？

関ヶ原決戦で戦闘にほとんど参加しなかったという島津義弘隊。小早川隊の裏切りで西軍総崩れとなって石田三成が敗走すると、島津隊のみが戦場に取り残された。ここで決行されたのが、「島津の退《の》き口」と呼ばれる、敵中突破により「前進する」退却戦である。

島津義弘は徳川家康本陣に突撃しての討死を覚悟したらしいが、甥で先鋒の島津豊久に諫められて戦場離脱を決意した。この奇策を決行したのは、包囲され退路を断たれた島津隊が生きて戦場離脱するには、前進して敵中を突っ切るのみと判断したからであろう。

伊勢街道に達して関ヶ原入りした牧田路を逆行すれば、大垣城での籠城も可能である。義弘は、最も混戦している場所の中央へ突入することを命じた。一丸となり、喚声を上げて抜刀し、福島正則隊の鼻先をかすめる。さらに家康本陣左翼目前を通過、南東方向に駆け抜けた。井伊直政・松平忠吉・本多忠勝らの追撃隊が迫ると反転して奮戦、直政を狙撃して重傷を負わせ、また駆け出す。本多勢に捕捉されると、重臣・長寿院盛惇《ちょうじゅいんもりあつ》が大音声で

烏頭坂にある島津豊久の碑

義弘を名乗って敵中に躍り込んで身代りとなった。そして豊久も、義弘に落ちのびることを重々進言のうえ、斬り込んで行った。烏頭坂《うとうざか》には豊久戦死の地の石碑が立つ。徳川方の損害も深刻となったため追撃が中止され、決戦は幕を下ろした。

火の手が上がる大垣城を諦めた義弘一行は、伊勢方面を目指して鈴鹿峠を越え、関、伊賀上野、信楽《しがらき》、奈良、和泉を経て堺に到着した。船で薩摩へ帰還した時は、10月に入っていた。戦後処理に忙殺される家康は一旦島津成敗に乗り出すも、島津の粘り強い交渉に根負けし、異例の所領安堵とした。土壇場で前進した者にもたらされた幸運であった。

Q56 西軍から東軍に寝返った結果
命を落とした唯一の大名とは？

「天空の城」但馬竹田城が廃城となったのは、関ヶ原の戦いが原因である。竹田城を現在の姿に改修した最後の城主・斎村政広《さいむらまさひろ》は、初名を赤松広秀《あかまつひろひで》といった。播磨龍野城主・赤松政秀《まさひで》の子である。羽柴秀吉の中国攻めで降伏し、「中国大返し」では殿軍を務めた。そして賤ヶ岳の戦い、小牧・長久手の戦いなどでも武功をあげ、竹田城主となったのである。

正室は宇喜多直家の娘で、秀家とは義兄弟にあたることになる。関ヶ原の戦いでは西軍に属し、細川幽斎《ゆうさい》（藤孝《ふじたか》）の丹後田辺城攻めに参戦した。本戦後、東軍方の因幡鹿野城主・亀井茲矩《かめいこれのり》が西軍方の因幡鳥取城を攻めあぐねて政広と接触、政広は東軍に寝返って攻城戦に加わった。この時、徳川家康が禁止していた城下の焼き討ちを行い、責を一身に負わされて自刃することになる。逃亡中の秀家隠匿の噂もあったそうだが、茲矩が政広一人に罪をなすりつけたといわれている。こうして竹田城は接収・廃城となった。政広は、関ヶ原の戦いで西軍から東軍に寝返った大名のなかで、ただ一人命を落としたのである。

Q57 徳川家康が本戦後に最初の論功行賞を行った意外な場所とは?

徳川家康の島津隊追撃中止の下知により、20万人が集結した一大決戦の幕は閉じられた。東軍の大勝に終わったものの、大坂城の動向には注意が必要である。逃亡した敵将たちの捜索や人質の救出なども急務であり、出来うる限り迅速に戦後処理をしなければならない。家康は現在、陣場野と呼ばれる最後の本陣で首実検を行った後、通常は大将の本陣でそのまま行われる最初の論功行賞を、藤古川《ふじこがわ》西岸の台地に本陣を移してから行ったという。

この場所は大谷吉継の陣跡で、家康がここで一夜を明かしたことが軍記類に記されている。関ヶ原に一番乗りした吉継が、いち早く抑えて整備した東山道沿いの要害は、警固もし易く、畿内入りを急ぐ家康にとって非常に適した場所であった。それに加え、特に秀吉死後の豊臣政権下でともに問題に当たった吉継とは、もともとは懇意であった。「吉継が西軍に付いたことを聞いた家康は非常に焦った」という逸話が残るほど、家康にとって亡くすに惜しい優れた人物で、その死を弔う意味もあったのではという見方もある。

Q58 圧倒的優位な陣立にもかかわらず西軍が敗北した最大の理由とは？

戦国最大・関ヶ原の戦いは、1日であっけなく終わってしまった。決戦当日の西軍陣立は、高所をほぼすべて抑えた、必勝の鶴翼の陣。それでも勝てなかったのはなぜだろうか。形勢が一気に東軍有利に傾いたのは、小早川秀秋の裏切りが実行されたからであり、またそれができたのは、吉川広家が南宮山諸隊を釘付けにして動かさなかったからであろう。戦国時代の戦は、戦場での激突よりも当日までの情報戦や外交戦が決め手となることも多かった。とはいえ事前工作が完璧でも、当日の流れ次第で状況がひっくり返ることも常で、臨機応変な采配も不可欠である。戦の規模が大きいほど、政治家としても武将としても優れた者が勝利に近くなる。関ヶ原の戦いは、まさにこれであった。

石田三成挙兵のきっかけである会津征伐は、戦の大義名分がほしかった徳川家康が、正当防衛の形で戦をはじめるための作戦だったとする説が有力である。徳川が起こした戦でありながら、いつの間にか「秀頼様の御ため」にすり替えられ、多くの豊臣恩顧大名が同行して、戦力の分断に成功している。三成を挙兵させておきながら、家康は小山評定《おやまひょうじょう》後、江戸でひと月ほども観望し、突如岡山本陣に現れた。心理的揺さぶりも自在である。さらに、全国の大名に大量の書状をしたため、恩賞の約束、東軍への勧誘にも手抜きがない。特に吉川広家には主家毛利の所領安堵を条件に、当日南宮山方面の軍勢を動かさないことを約束させ、小早川秀秋にも、脅し半分に働き次第での加増を約束している。

一方の三成は、挙兵以前は諸大名へ働きかけることもほとんどせず、挙兵後も秘密主義で、味方にも作戦を直前まで明かさないなど、非常に有能な官僚であるのに、外交力の拙《つたな》さによって人気を得られず、大きく不利になった。

予想以上の西軍の集結で城攻め策を捨てた家康は、なるべく早く野戦に持ち込むため、すぐに佐和山攻めと大坂入りの偽情報を流したといわれる。陣立からは思いもよらない決戦の結果は、情報戦や外交戦によって前日までにほぼ決まっていたといえる。それでも起こる戦場での不測の事態に苛立ち焦りながらも、百戦錬磨の戦駆引きで、勝利の流れを引き寄せた家康はさすがであった。土壇場での経験がズバ抜けている家康に対するには、三成は政治家としても武将としても、未熟だったのだろう。それでも、不器用な敗軍の将を悼んで笹尾山の陣跡に立つ、判官びいきの日本人は非常に多いのだが……。

かつての戦場をめぐる

関ケ原町歴史民俗資料館

岐阜県不破郡関ケ原町大字関ケ原894-28

家康最後の陣の近くにある資料館。関ヶ原合戦図屏風や関ヶ原の戦いで使われた武具などを公開している。東西両軍の陣形、戦いの流れを示した音声解説付きの大型ジオラマがあり、古戦場をめぐる前に訪れたい。レンタサイクルもある。

アクセス

JR東海道本線「関ケ原駅」より北へ徒歩約8分

東西両軍の戦没者供養

東首塚

岐阜県不破郡関ケ原町大字関ケ原908-3

徳川家康が床几場で首実検をし、その後東西2か所に埋葬したことから「東首塚」と呼ばれている場所。領主であった竹中重門が、家康の命により関ヶ原の戦いで戦死した兵士たちを埋葬した。現在は両軍供養の場となっている。

アクセス

JR東海道本線「関ケ原駅」より北西へ徒歩約3分

地方編

全国の武将を巻き込んだ争乱

Q59 東北の雄・南部家はなぜ合戦に参加しなかった？

現在の青森県南部地方を本拠とした南部《なんぶ》家は、甲斐源氏の血を引く名門である。最盛期には下北半島から岩手県北上川中流域までを領有する奥州の有力大名だった。そして、良家につきものの後継者騒動に揺れた家系でもある。

戦国時代の南部家当主は、24代・晴政《はるまさ》、25代・晴継《はるつぐ》、26代・信直《のぶなお》、27代・利直《としなお》の4代が相当する。このうち晴継は晴政の実子、信直は晴政の養子である。なかなか男子ができなかった晴政は、分家筋の信直を養子に迎えて後継者とした。ところがその後、実子の晴継が誕生したのである。このため信直は後継者の座を晴継に譲ったが、晴政死後に当主となった晴継はわずか13歳で急死してしまう。そこで信直は今度こそ家督継承権を主張し、重臣・九戸《くのへ》実親《さねちか》との争いを勝ち抜いて当主の座に就いた。

信直の跡を継いだ利直は信直の実子である。当主となったのは関ヶ原の前年、慶長《けいちょう》4年（1599）だった。信直が当主に就いたことを恨む実親の兄・政実《まさざね》が反乱を起こした際、

南部利直肖像（もりおか歴史文化館蔵）

鎮圧に協力してくれた徳川家康《とくがわいえやす》と誼《よしみ》を通じており、関ヶ原では東軍方についている。しかし、関ヶ原の戦いにはほとんどかかわりを持てなかった。

　家康の会津攻めがはじまると、利直は同じく東軍方で上杉《うえすぎ》領に国境を接する最《も》上《がみ》義光《よしあき》を支援するため、自ら兵を率いて義光の領地に入った。この時、利直の留守を狙ったのが伊達政宗《だてまさむね》である。政宗はかつて南部領内の和賀郡《わがぐん》領主だった和賀忠親《ただちか》に一揆を起こさせ、領地を増やそうと謀ったのだ。そこで利直は家康の許可を得て南部領に引き返した。一揆鎮圧には関ヶ原終戦の翌年までかかってしまい、関ヶ原関連の合戦に加われなかったのだ。

Q60 伊達政宗の１００万石のお墨付きは実在するのか？

　西軍挙兵の報せを受けた家康は、諸大名の取り込み戦略を強化した。その具体的な方法が領地の加増である。家康は「東軍に味方して勝利した暁には新たな領地を与える」と事前に約束し、諸大名のモチベーションを上げて味方に引き込んだのだ。この「お墨付き」で特に有名なのが、伊達政宗との間に交わされた「１００万石のお墨付き」である。

　家康は政宗宛ての手紙に、天正《てんしょう》18年（１５９０）の奥州仕置で政宗が豊臣秀吉《とよとみひでよし》に没収された旧領を返還すると記した。この旧領が約50万石で、当時の政宗の領地約58万石と合わせると１００万石を越えるため、「１００万石のお墨付き」と呼ばれるのである。

　創作のようにも感じられる壮大な逸話だが、旧領返還の旨を記した手紙は『徳川家康領知覚書』として仙台市博物館に所蔵されており、実在する。また、『伊達家文書』にも同じ内容が見られる。しかし政宗自身の失策により、お墨付きは実現しなかった。

　政宗は家康の会津攻めに際し、国境を接する南部利直が最上義光の救援に向かった隙を

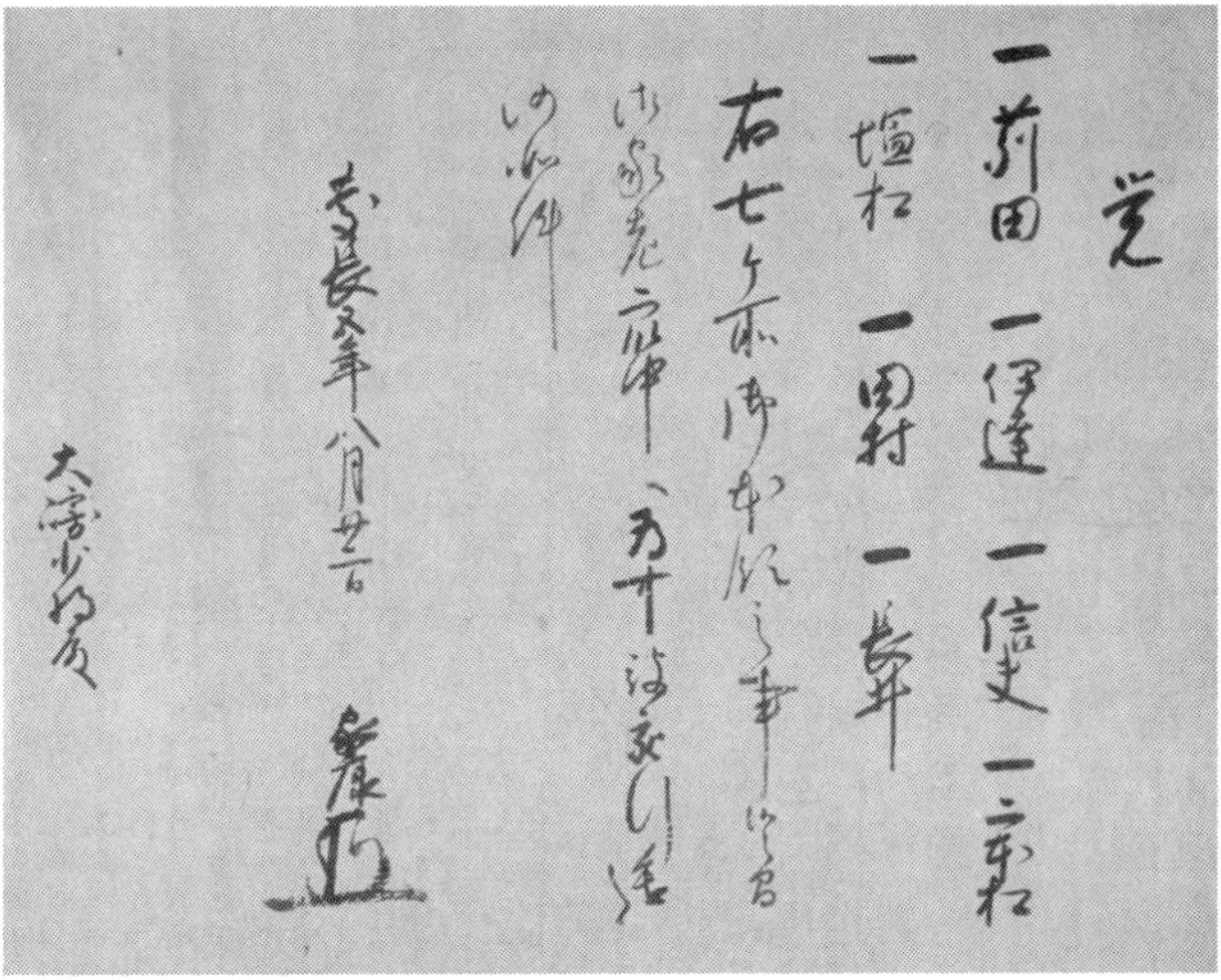

100万石のお墨付き（仙台市博物館蔵）

突いて領地の切り取りを画策した。自分の保護下にある和賀忠親を焚きつけ、南部領で一揆を起こさせたのだ。忠親の父は、秀吉の小田原攻めに加わらなかったため奥州仕置で領地をすべて没収された和賀義忠《よしただ》である。奪われた領地は秀吉に味方した南部家に与えられており、忠親は奪還を切望していた。政宗はそこを利用したのである。

ところが一揆は帰還した利直に鎮圧されたうえ、家康のスパイの報告で政宗が黒幕と露見してしまった。当然ながら家康は政宗への警戒を強める。この結果、お墨付きは反故となり、関ヶ原終戦後の政宗の加増は2万石に留まったのだった。

Q61 政宗が**慶長出羽合戦**に参戦した狙いとは？

秀吉の小田原攻めに遅参した伊達政宗は、改易を免れながらも多くの領地を没収された。その中には名族の蘆名《あしな》家を倒して手にした会津も含まれていたが、豊臣政権下で上杉景勝《かげかつ》に与えられてしまう。これらの旧領を取り戻したいと願ってきた政宗にとって秀吉の死は千載一遇のチャンスであり、家康の会津攻めは上杉領を攻める大義名分となった。

家康に呼応して進発した政宗は勇んで上杉領の白石城《しろいしじょう》を攻め、7月24日に降伏させる。しかし25日には石田三成《いしだみつなり》挙兵の報せを受けた家康陣営で小山評定《おやまひょうじょう》が行われ、会津攻めは中止して西に転進すると決まった。政宗は家康に会津攻め続行を要請したが聞き入れられず、伊達軍単独で上杉軍に勝つことは難しいと判断してひとまず講和にこぎつけた。

政宗が奥州の有力大名・最上義光と組まなかった理由は、信頼できないからに他ならない。義光は政宗の母・義姫《よしひめ》の兄で、政宗の伯父である。しかし、国境を接する伊達家と最上家は何代にもわたって確執が続く因縁の間柄で、義光も政宗には非協力的だったのだ。

東北の情勢

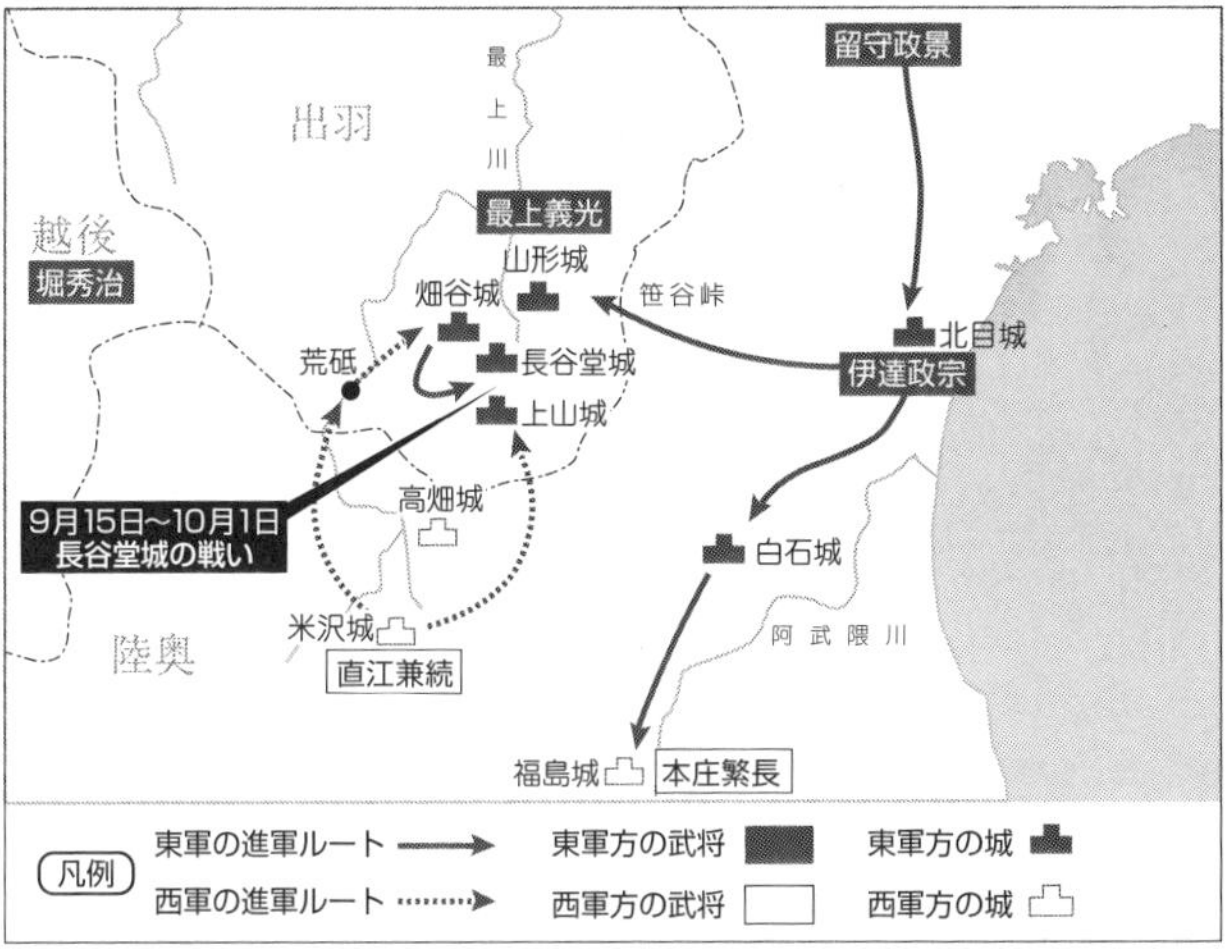

ところが家康転進後に上杉軍が最上領に攻め込み、慶長出羽合戦がはじまると、義光は政宗に援軍を依頼してきた。居城・山形城の最終防衛ラインである長谷《はせ》堂城《どうじょう》を包囲されたためだ。山形城が落ちれば次は伊達領が危うい。だからこそ政宗は援軍を断れなかった。また、母の実家を守りたかったためともいわれる。

援軍の大将は政宗の叔父・留守政景《るすまさかげ》が務めた。政宗自身が動かなかった理由は、和賀忠親の一揆による南部領切り取り計画を水面下で進めていたからだ。政宗は自分の領地を回復し、あわよくば新たな領地を得るため慶長出羽合戦に参戦したのである。

Q62

上杉景勝はどうして**最上家を攻撃**したのか？

会津攻めの最中に西軍挙兵の報せが届くと、家康は行軍を西へ転じたため、上杉軍と徳川軍の直接対決は起きなかった。上杉景勝は徳川軍を追撃せず、家老・直江兼続《なおえかねつぐ》に約３万の兵を与えて出羽の最上義光攻めに出陣させた。こうして慶長出羽合戦がはじまる。

景勝が家康より義光の攻略を優先した大きな理由は、後顧の憂いを断つことにある。関ヶ原本戦は結果的にわずか１日で東軍勝利に終わったが、開戦前は誰もが長期戦を見込んでおり、景勝も例外ではなかった。このため、協力関係にある西軍の援軍に回る下準備として、奥州の有力大名である最上家と伊達家が追撃に出られないよう屈服させておくべきと考えたのだ。景勝はこの時すでに、会津攻めの勇み足で白石城を落としながらも孤立した伊達政宗と講和を結んでいたため、矛先は自然と義光に向かうことになる。

また景勝の胸の内には、関東に進出して江戸城を攻める計画もあったという。景勝は石田三成の親友・佐竹義宣《さたけよしのぶ》と同盟を結んでおり、義宣の縁戚である岩城《いわき》家や相馬《そうま》家とも通じて

山形城跡に立つ最上義光の騎馬像

いた。『真田家文書』には、この上杉・佐竹連合軍による江戸攻め作戦が記されているのだ。政宗との講和についても、連合軍結成への布石だったとする説がある。

一方で、景勝の江戸攻め計画を詳しく見ると一つの疑問が浮かぶ。「家康が西に向かったら、義宣と相談のうえ、すべてを捨て置いて関東に乱入する」とあるが、実際には家康が江戸から西に向かった後も上杉軍の最上攻めは続いたのだ。この点から光成《みつなり》準治《じゅんじ》氏は『関ヶ原前夜』の中で、景勝の真の目的が奥州制圧にあった可能性を指摘している。いずれにしても、家康を追撃するより義光を攻める方が景勝にとってメリットがあったのだ。

Q63 直江兼続が長谷堂城の戦いで負けた理由は？

慶長出羽合戦の最終決戦となったのが長谷堂城の戦いである。長谷堂城は最上義光の本拠地・山形城から南西にわずか約4㎞弱の小高い山に建ち、最後の防衛線の役割を持っていた。畑谷城《はたやじょう》の戦いに勝利して駒を進めた直江兼続率いる上杉軍がこの長谷堂城を包囲したのは、奇しくも関ヶ原本戦開始と同じ9月15日のことである。

ここを落とせば義光ももはや袋の鼠とばかりに上杉軍の猛攻がはじまる。しかし長谷堂城は二重の堀を持つうえに、周囲を川や泥深い田で囲まれた守りに強い城だった。このため精強な上杉軍でも簡単には突破できず、戦況は一進一退を繰り返す。

長谷堂城が持ちこたえている間に、義光は甥の伊達政宗に援軍を要請した。これに応じて派遣された伊達軍は、22日に山形城東方の小白川《こじらかわ》に布陣。また、義光自身も軍を率いて山形城の南西を流れる須川《すかわ》沿岸に布陣した。しかし最上・伊達連合軍がさらに進軍することはなく、同様に上杉軍が矛先を義光の陣に向けることもなかった。

長谷堂城の山頂を取り巻くように築かれた曲輪跡

なぜなら、両軍ともに関ヶ原本戦の情勢を探っていたからだ。慶長出羽合戦は関ヶ原本戦と連動しているため、本戦の戦況に合わせて戦略を変えなくてはならない。そこで、両軍は決定的な総力戦に持ち込めなかったのである。

そして29日になり、まず上杉景勝に西軍敗北の報せが届いた。あまりに早い味方の敗北に景勝は仰天したが、すぐさま兼続に撤退を命じ、兼続は密かに陣を払う。しかし翌30日には義光側にも西軍敗北が知れ渡り、10月1日から追撃がはじまった。結果的に兼続は敗走したが、その原因は関ヶ原本戦がわずか1日で西軍敗北に決したためなのだ。

Q64 前田慶次は慶長出羽合戦に本当に参戦していたのか？

前田慶次《まえだけいじ》は前田利家《としいえ》の兄・利久《としひさ》の養子で、実家は織田信長《おだのぶなが》に仕えた滝川《たきがわ》家といわれる。しかし、実父の名前や養子に出た経緯はよくわかっていない。叔父の利家とは折り合いが悪かったようで、利久が没すると前田家を出奔。その後は京都で趣味の和歌や連歌の会に参加するなどしていたらしいが、やはり詳細は不明である。この時期に歌会を通じて直江兼続と親交を深め、慶長3年（1598）頃、上杉景勝に仕官したと考えられている。

関ヶ原の際は上杉軍として慶長出羽合戦に参戦した。記録がほとんど残っていない慶次だが、この合戦に関しては上杉家の歴史書『上杉家御年譜』に、慶次と兼続が軍議を持った旨が記されており、従軍していた可能性は高いと考えられる。

また同書には長谷堂城の撤退戦の際、慶次が槍を持って追撃を防いだ記述も見られる。史料としての信頼性は弱いが、江戸時代の軍記物語集『武辺咄聞書《ぶへんばなしききがき》』にも撤退戦で慶次が名乗りを上げて戦う描写があり、慶次の武勇が撤退成功の鍵となったことが窺える。

Q65 佐竹義宣が関ヶ原の際中立を貫いた理由は？

佐竹家は常陸を支配する有力大名で、関ヶ原当時の当主は佐竹義宣である。義宣は三成に窮地を救われたことがあった。義宣の従兄弟・宇都宮国綱《うつのみやくにつな》が家督をめぐる内紛で改易となり、佐竹家も連帯責任で領地を没収されそうになった時、三成のとりなしで事なきを得たのだ。義理堅い義宣はこの恩義を忘れず、関ヶ原では西軍方につきたいと家中に告げた。

しかし、隠居の身ながらいまだ発言力を持つ前当主で義宣の父・義重《よししげ》は東軍方につくべきと反論した。義宣は同盟を結んでいる会津の上杉景勝と協力すれば東軍を圧倒できるはずと考えたが、この時の景勝はすでに慶長出羽合戦で手一杯である。冷静になってみれば、佐竹家が西軍として決起しても孤立してすぐ滅ぼされる可能性が高い。

義宣は迷いに迷ったが、最終的に西軍方にはつかないという誓約書を家康に送った。佐竹家は中立を保ったというよりも、去就を迷って動けなかったのである。家康はこの中途半端な態度を看過せず、佐竹家は戦後、大幅な減封のうえに秋田に移封されたのだった。

Q66 安濃津城の攻防戦で活躍した女性は誰？

伊勢の安濃津城《あのつじょう》は、東軍方についた富田信高《とみたのぶたか》の本拠地である。安濃津という良港を擁しているため、伏見城攻めに勝利して余勢を駆る西軍の次なる標的になった。この時、信高は会津攻めに参加していたが、西軍決起の報せを受けて急ぎ安濃津城へ帰還。吉川広家《きっかわひろいえ》や長宗我部盛親《ちょうそかべもりちか》らが率いる西軍約3万に対し、1千7百ほどの兵で対峙する。

西軍の総攻撃がはじまると信高は本丸の門外に出て奮戦した。しかし圧倒的兵力差は覆せず、敵兵に取り囲まれて討死寸前まで追い詰められる。そこへ一人の若武者が割って入り、手にした片鎌槍《かたかまやり》で敵兵を突き倒して信高を本丸の中へ逃れさせた。この若武者こそが、信高の妻だったのである。正確な名は不明だが、北の方と呼ばれていたという。

信高の妻のはたらきもあり、西軍は力押しを諦めて信高に和睦を持ちかけた。信高はこれに応じて安濃津城を開城し、自身は高野山で出家する。戦後、家康は信高の奮戦を評価して安濃津城を返還し、信高と妻はともに懐かしい城へ帰ることができたのだった。

Q67 安濃津城の開城交渉などを行った木食応其とは何者か？

俗世から離れた存在である僧侶は特例として関所を自由に往来できたため、戦国時代には大名間の交渉を担う外交官となることも多かった。高野山の僧・木食応其《もくじきおうご》もこのような外交僧の一人だ。秀吉に重用され、関ヶ原の際は西軍方の依頼で2回の交渉に出向いた。

1回目は、安濃津城の富田信高に対する開城要請である。信高は寡兵で城をよく守ったため、西軍は3万の大軍を足止めされて焦りを感じ、応其に説得を頼んだのだ。応其は信高の父と同僚だった時期があるため、信高も応其を信用して開城を受け入れた。

2回目は、東軍に寝返った大津城の京極高次《きょうごくたかつぐ》に対する戦闘停止の説得である。高次は豊臣秀頼の生母・淀殿《よどどの》の妹である初《はつ》の夫。大津城には戦上手の立花宗茂《たちばなむねしげ》らが攻め寄せており、見かねた淀殿が応其に説得を頼んだという。高次も応其の説得を受け入れて降伏した。

戦後、応其は西軍のためにはたらいたとして家康から睨まれたため、高野山に災いが及ばないよう山を下り、近江の飯道寺《はんどうじ》にて73歳で没するまで静かに暮らした。

Q68 細川幽斎の籠城戦を危惧した意外な人物とは？

室町幕府将軍・足利《あしかが》家の支流で、将軍の補佐役である管領を代々務めた名門が細川《ほそかわ》家だ。この格式高い家柄出身の細川幽斎《ゆうさい》（藤孝《ふじたか》）は、力で領土を広げる新興の戦国大名とは一線を画し、和歌や連歌、茶道、囲碁などに詳しい当代きっての文化人だった。

中でも和歌に優れており、当時ただ一人の古今伝授《こきんでんじゅ》継承者として尊敬を集めていた。古今伝授とは、平安時代の勅撰和歌集『古今和歌集』の解釈や学説を継承する形式。師から弟子へ秘伝することがルールだったため、継承者はごくわずかだったのだ。

そんな幽斎も戦乱と無関係ではいられない。嫡男・忠興《ただおき》が家康に従って会津攻めに赴くと、幽斎は居城・田辺城にて細川家の本拠地・丹後の守備に当たった。そこへ西軍から味方につくよう呼びかけがあったが、幽斎は拒否。このため、7月20日に西軍の軍勢が田辺城攻撃を開始した。幽斎は城の鉄砲隊を用いてよく守ったが、幽斎軍5百に対して西軍1万5千と圧倒的兵力差があり、月末には落城も覚悟の窮地にまで追い詰められる。

細川藤孝肖像（東京大学史料編纂所所蔵模写）

この事態を憂いたのが、幽斎の歌道の弟子である皇族・八条宮《はちじょうのみや》智仁《としひと》親王だった。智仁親王は古今伝授を絶やしてはならないと考えて講和を勧めたが、幽斎に断られてしまう。そこで兄の後陽成《ごようぜい》天皇に嘆願し、これを聞き入れた天皇によって講和の勅使が田辺城に派遣された。これにはさすがの幽斎も逆らえず、9月13日に講和が成立する。

講和2日後の関ヶ原本戦では忠興が奮戦し、戦後に細川家は豊前小倉藩約40万石の大出世を遂げた。幽斎は豊前に移らず、京都に自邸を構えて歌道や有職《ゆうそく》故実《こじつ》の研究をしながら悠々自適の晩年を送り、77歳で天寿を全うしたのだった。

Q69 前田家はなぜ本戦に参戦していないのか？

豊臣政権内で絶大な影響力を持っていた前田利家は、年老いて病気がちになったため慶長3年（1598）、嫡男の前田利長《としなが》に家督を譲り、翌年に没した。利家から五大老の役職を引き継いだ利長は家康と三成の対立を調停する立場のはずだが、前田家を政争から遠ざけたいと考え、三成が七将襲撃事件で失脚して以降は家康に従うようになる。

反家康派の諸大名はそんな利長に不満を持ち、「利長が家康暗殺を企んでいる」と偽情報を流して家康と利長の離間を謀った。家康は利長を疑い、利長と領地を接しているため犬猿の仲である丹羽《にわ》長重《ながしげ》を利長の監視役とした。一方の利長は親家康の態度を貫き、家康から「母の芳春院《ほうしゅんいん》（まつ）を人質に差し出せ」と誠意を試されても穏便に従って、家康の信頼を得る。

この後にはじまった会津攻めで、家康は利長に出陣命令を下すとともに、長重には利長の指揮下で戦うよう命じた。すると長重は、利長の配下になることを拒否して西軍方についてしまう。この間に西軍の伏見城攻撃がはじまったため利長は救援に向かおうとしたが、堅城である長重の居城・小松城を落とせず、迂回して近隣の大聖寺城《だいしょうじじょう》を落とした。そこへ西軍の大谷吉継が前田家の本拠地・金沢を攻めるという情報が入り、利長は急ぎ帰還する。しかしそれは吉継が前田軍の進軍を阻むために流した偽情報だった。

利長が挽回の機会を窺っていると、ついに家康から関ヶ原本戦への出陣命令が下された。利長は意気込んで出発したが、金沢から関ヶ原へは、長重の領地を通るしか道がない。そこで利長が長重に和睦を願ったところ、交渉中に関ヶ原本戦が終わってしまい、参戦できなかったのである。しかし利長はこの「北陸の関ヶ原」における大聖寺城攻めなどの戦功が評価され、関ヶ原後は36万石の加増を受けて120万石の大大名に出世した。

関ヶ原直前の北陸情勢

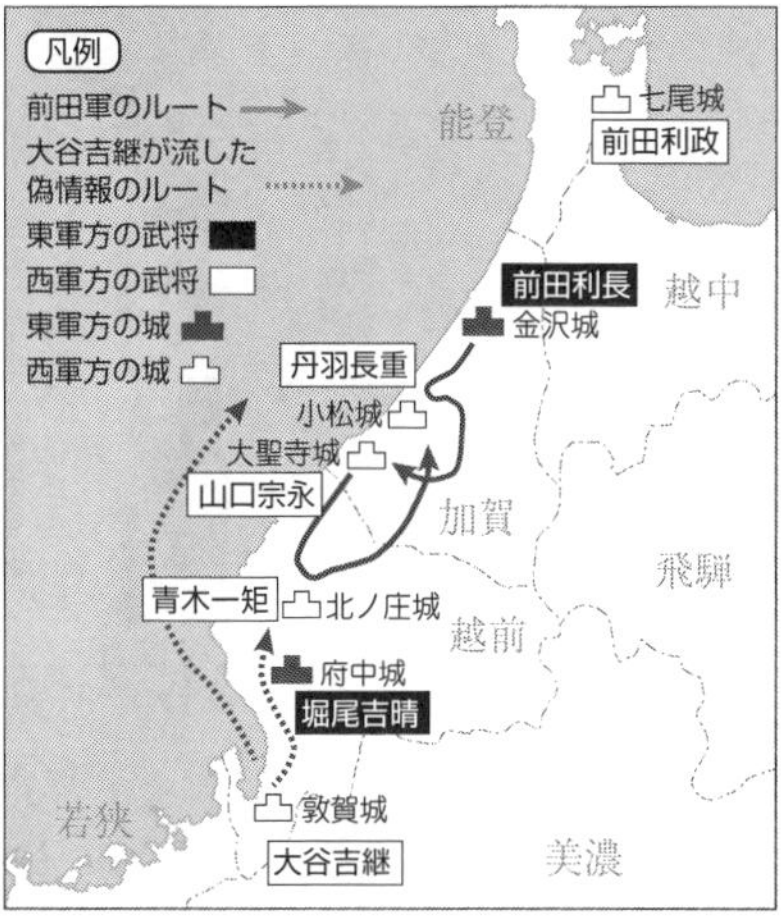

Q70 前田利政が軍務放棄したのは妻が原因なのか?

前田利政《としまさ》は前田利家の次男で、利家の後継者となった利長の弟である。前田家を政争に巻き込まないよう家康と穏便につきあった利長と違い、あからさまに家康を嫌っていた。

それでも北陸の関ヶ原では利長とともに出陣し、大聖寺城攻略に貢献した。しかし、大谷吉継が流した偽情報によって国元に引き返した後は、利長が関ヶ原本戦に出陣しても、能登の居城・七尾城《ななおじょう》から動かなかった。その理由は、三成の命を受けた西軍によって妻子を人質にとられており、妻子を捨ててまで合戦に出る気はなかったからだという。この理由をそのまま受け取れば妻が原因となるが、真意は東軍方について家康の味方をするなど御免だが、西軍について利長と敵対するのも避けたかったのだろう。

異説として、笠谷和比古《かさやかずひこ》氏は『関ヶ原合戦と大坂の陣』で、利政は三成と内通していたため出陣を控えたのではないかと推測している。また、東軍と西軍のどちらが勝っても前田家を存続させるため、利長と利政は別々の勢力についたとも考えられるだろう。

Q71 三津浜の戦いで毛利が大敗した理由とは？

四国切り取りを狙った毛利輝元《もうりてるもと》は、毛利家と協力関係にある村上水軍の頭領・村上武吉《むらかみたけよし》に兵を与え、東軍方についた伊予の加藤嘉明《かとうよしあき》の領地を攻めさせた。毛利軍が三津浜に着陣したのは関ヶ原本戦終結から2日後の9月17日だが、まだ決着の報告は届いていなかった。

嘉明は本戦に加わっており留守だったが、守備の兵を領地に残していたため、三津浜では毛利軍と加藤軍の激しい衝突があった。この戦闘で武吉の嫡男・元吉《もとよし》が討死するなどして、毛利軍は大敗を喫する。主な敗因は、加藤軍の策略にはめられたせいだという。加藤軍はまず、降伏すると嘘をついて毛利軍を油断させ、さらに酒肴を持たせた領民を送り込み、毛利軍に酔いが回ったところを夜襲したのだ。毛利軍の混乱は無理もない。

ただし、この三津浜の戦いは加藤軍の一方的な勝利ではなかったようだ。両軍に多数の死傷者が出たらしく、毛利軍は進軍を続けて戦闘を繰り返している。しかし、24日に本戦が西軍敗北で終わった報せが入ると、毛利軍はついに占領を諦めて四国から撤退した。

Q72 関ヶ原の戦いの際の四国情勢はどうだった？

関ヶ原直前の四国は、讃岐が生駒親正《いこまちかまさ》、阿波が蜂須賀家政《はちすかいえまさ》、土佐が長宗我部盛親の領地で、伊予は3地区に分かれて東予が小川祐忠《おがわすけただ》、中予が加藤嘉明、南予が藤堂高虎《とうどうたかとら》（一部、池田秀氏《いけだひでうじ》）の領地だった。このうち、盛親・祐忠・秀氏は西軍、家政・嘉明・高虎は東軍についている。親正は東軍と西軍のどちらが勝っても家名が残せるよう、自身が西軍につき、嫡男・一正《かずまさ》を東軍につけたと伝わる。

関ヶ原の混乱に乗じてこの四国を切り取ろうとしたのが西軍の総大将・毛利輝元だ（Q71）。輝元は家康との衝突に及び腰だったため臆病で他力本願な殿様に見られがちだが、四国攻略に関してはそんなイメージを覆す旺盛な意欲を見せている。

四国のうち土佐は味方の盛親の領地なので手を出していない。讃岐は一正が東軍についたので奪っているが、大きな戦闘はなかったらしく、詳細な記録が残っていない。一正は大軍を率いて会津攻めに参加しており、親正は大坂で動静を見ていたため、讃岐の守備は

関ヶ原当時の四国情勢

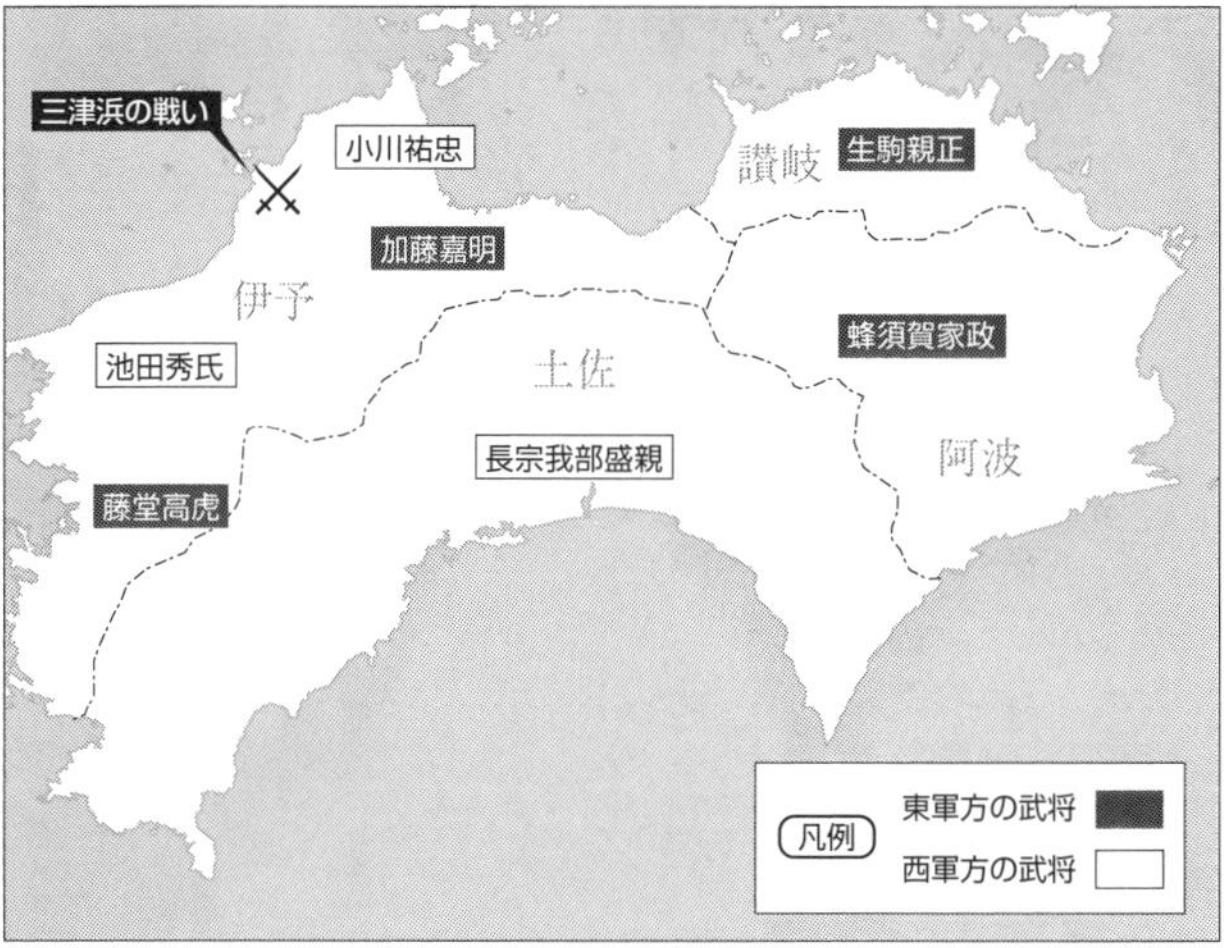

手薄だったのだろう。実際に輝元が軍を送り込んだ記録があるのは阿波と中予である。また、南予では在地の豪族を調略して一揆を起こさせた。

阿波では家政の嫡男・至鎮《よししげ》が会津攻めに加わっていたが、国元に多くの守備兵を残していた。このため蜂須賀家家臣団が抵抗する前に支配することが必須で、輝元は家臣の佐波広忠《さはひろただ》に阿波を攻略させている。中予では三津浜《みつはま》で大規模な戦闘があった。毛利軍も加藤軍も多くの死傷者を出したが決着はつかず、関ヶ原本戦の終結による毛利軍退却で幕切れとなる。

輝元は大坂城にこもりながら、したたかに四国の大部分の占領を狙ったのだ。

Q73 黒田如水は本当に天下を狙ったのか？

関ヶ原当時の黒田如水《くろだじょすい》（官兵衛《かんべえ》）は、すでに家督を嫡男・長政《ながまさ》に譲った隠居の身で、黒田家の領地である九州の豊前にいた。かつて秀吉に重用された如水だが、天下の趨勢を考慮すると家康が有利と見て、長政ともども東軍方についている。如水以外に九州で東軍方についた有力大名は肥後の加藤清正《かとうきよまさ》しかおらず、他は西軍方か判断を迷っている日和見勢力だった。このため如水は清正と連携して「九州の関ヶ原」を戦うことになる。

黒田家の兵力はほとんどが長政に従って関ヶ原本戦に出向いていたため、如水は自領で浪人や農民をかき集めて約９千人の軍勢を組織した。如水は大変な倹約家だったが、関ヶ原の際は今こそが使いどころとばかりに蓄えを解き放ったのである。そして、豊後の大友《おおとも》義統《よしむね》を石垣原《いしがきばる》の戦いで降したのを皮切りに、安岐城《あきじょう》や富来城《とみくじょう》などを次々落としていった。

隠居の如水がいきなりこのような破竹の進軍をしたことから、「如水は関ヶ原の混乱に乗じて天下を奪おうとした」という説がある。しかし、嫡男と主戦力を本戦に送っているこ

黒田如水の侵攻ルート

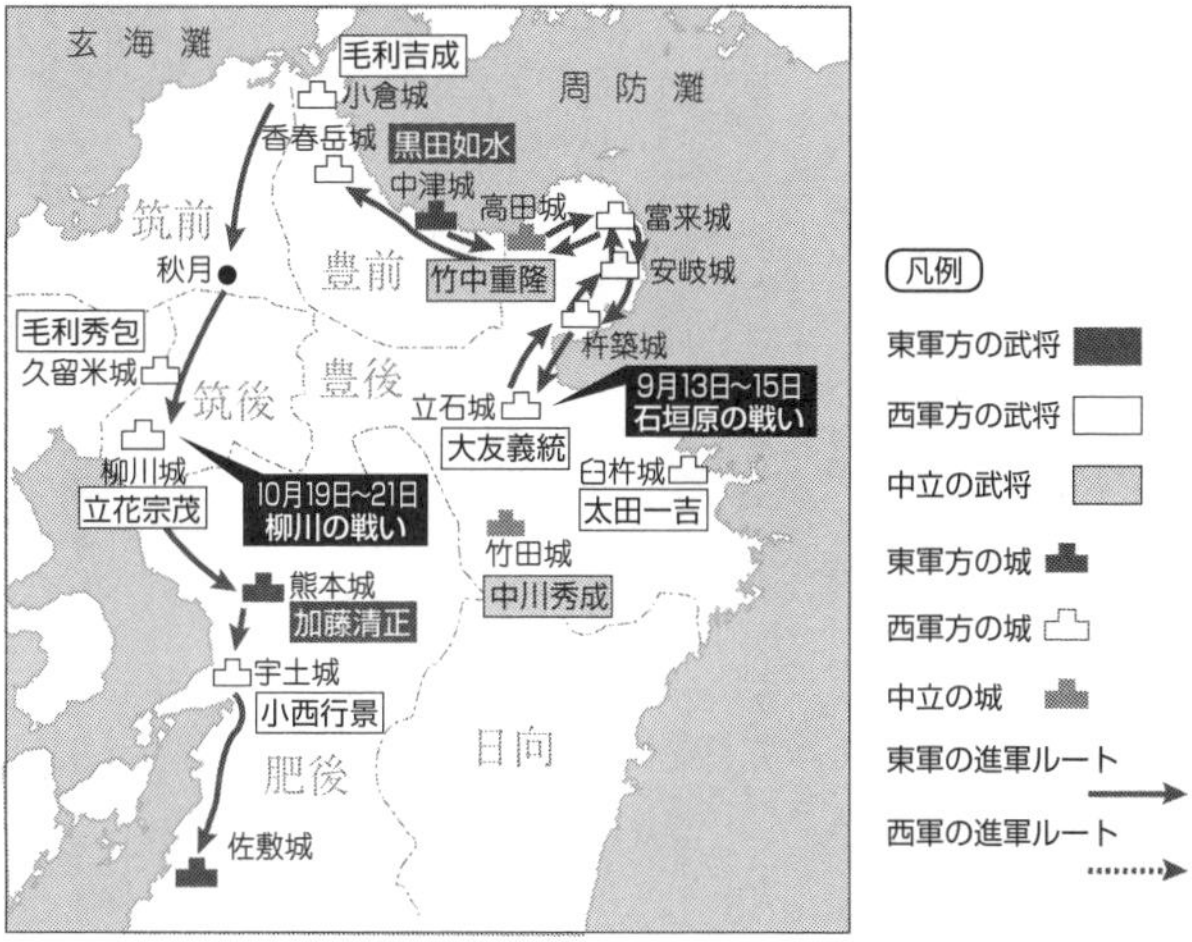

とは、家康に人質を差し出しているのも同然だ。その状況下で天下を狙うとは考えにくく、長政の今後のために家康の心証を良くしようとしたのだろう。

ただし、九州の覇権を奪おうと考えていた可能性はある。渡邊《わたなべ》大門《だいもん》氏は『黒田官兵衛・長政の野望』で、如水が軍事行動によって得た土地を自領にする許可を家康から得ていたと解釈している。そして、これは清正も同様だったと推測される。如水と清正は家康や東軍のためというより、領土拡大のために戦ったとも考えられる。両者は九州で数少ない東軍勢力であり、周囲を西軍に囲まれているため国境を広げることが急務だったのだ。

Q74

大友義統は豊臣秀頼によって豊後に派遣された？

大友義統は豊後の戦国大名・大友宗麟《そうりん》の嫡男である。宗麟の代から秀吉に仕えたが、文禄の役に参戦した際、味方の小西行長《こにしゆきなが》が討死したと思い込んで退却してしまい、秀吉の怒りを買って一度は領地を失った。その後は佐竹家や毛利家の監視下に置かれたが、秀吉没後に軟禁状態を解かれ、秀頼が当主となった豊臣家に再び出仕する。

関ヶ原の際、義統は豊臣家との縁を重んじて西軍方についた。そして、自力で豊後の旧領を取り戻すようにとの秀頼の命を受け、九州に派遣されたという。しかし白峰旬《しらみねじゅん》氏や光成準治氏の指摘によれば、義統はすでに秀頼から豊後の速見を拝領していたようだ。

この速見に東軍方の細川家の城・杵築城《きつきじょう》があったため、大友軍と細川軍の戦闘が勃発する。そこへ、杵築城の救援に現れたのが黒田如水だった。如水は義統の東軍引き込みに失敗しており、ついに攻勢をとったのである。大友軍と黒田軍は石垣原の戦いで激突し、黒田軍が勝利。義統は降伏して流罪に処され、豊後に戻ることはなかった。

Q75 立花宗茂が改易されたのに復帰できた理由とは？

豊後の大友家臣の双璧である高橋紹運《たかはしじょううん》を実父に、立花道雪《どうせつ》を養父に持つ立花宗茂。天正14年（1586）の秀吉の九州攻めで秀吉に味方して武勇を発揮し、秀吉から「忠義も剛勇も九州一である」として絶賛された名将である。

秀吉のはからいで筑後柳川の独立大名に取り立てられた宗茂は、その恩義に報いるため関ヶ原で西軍方についた。前哨戦の大津城の戦いでは圧勝を収めている。しかし、その間に関ヶ原本戦が西軍敗北で終わってしまい、宗茂は仕方なく柳川へ帰還した。九州では加藤清正と黒田如水が猛威を振るっており、宗茂は柳川城で籠城を決め込んだが、宗茂の忠誠心と武勇を惜しんだ清正らの説得に応じてついに降伏した。

戦後、立花家は改易されたが、徳川秀忠も宗茂の忠義と武勇に惚れ込んでいた。このため秀忠は宗茂を家臣に迎え、大坂の陣の際に参謀役として功があったことを賞して柳川への復帰を認めたのである。西軍に味方して旧領回復を果たした大名は、宗茂しかいない。

Q76 加藤清正はなぜ本戦ではなく九州で戦っていたのか？

加藤清正は幼少の頃から秀吉に仕えた豊臣恩顧の将だ。豊臣家への忠誠心は並大抵ではなく、自領の肥後に建てた熊本城は秀吉の後継者・秀頼《ひでより》を有事の際にかくまうためのものだという説がある。本丸大広間の「昭君之間」は古代中国の美女・王昭君《おうしょうくん》を描いた華麗な部屋だが、この真意は「将軍の間」であり、秀頼を迎えるための部屋と伝わる。

ここまでの忠臣でありながら清正は関ヶ原の際、秀頼を担いだ西軍ではなく家康の東軍についており、しかも関ヶ原本戦には参戦していない。本戦が行われていた時には肥後で九州の関ヶ原を戦っていた。一見すると不自然だが、これには深い事情がある。

慶長元年（１５９６）、慶長の役に出陣した清正は、講和を進める三成と意見を違えて対立した。三成がこれを秀吉に告げ口し、清正は秀吉から帰国と謹慎を命じられる。以前から三成と性格が合わなかった清正の憎しみは頂点に達した。そこで三成にはつかなかったが、一方で家康が幼い秀頼をないがしろにして天下を牛耳ろうとしているのもわかる。こ

復元された熊本城の昭君之間

のため、東軍方につきながら九州に留まるという曖昧な態度になったのだ。

また、山田貴司《やまだたかし》氏の『加藤清正』によれば、そもそも清正は家康から参戦を禁じられていたという。関ヶ原の前年、薩摩の島津《しまづ》家領内で重臣の伊集院忠真《いじゅういんただざね》による反乱・庄内の乱が勃発した。この時、清正は忠真を密かに支援したため、乱の鎮圧を担当した家康の怒りを買ってしまい、肥後での謹慎を命じられた。家康は清正に会津攻めの参加も許さなかったが、いよいよ関ヶ原開戦が近づくと清正が西軍方につくことを危惧して九州での戦闘を命じた。こうして清正は九州で東軍として戦うことになったのである。

Q77 豪商たちは東西陣営のどちらに味方したのか？

合戦というとどうしても戦国大名に注目しがちだが、実際は大名やその家臣以外にも多くの人間がかかわっている。中でも重要な存在が商人であり、特に強大な経済力を持つ豪商は、戦局に色濃く影響を与えた。当然ながら合戦のための武器も兵糧も馬も、手に入れるには金が必要なのである。だからこそ、資金援助や物資調達をしてくれる商人が味方につけば、大名自身の石高が低くても充分に戦えたのだ。

もっとも、商人は大義や志などでは動かない。重要なのは自分をさらに富ませてくれるか否かである。関ヶ原に直面した豪商たちも、この点を重視して東軍と西軍のどちらに味方するか判断した。では、どのような豪商がどちらの味方についたのだろうか。

東軍方についた豪商では、京の茶屋四郎次郎《ちゃやしろうじろう》と堺の今井宗薫《いまいそうくん》が代表格である。茶屋四郎次郎の「四郎次郎」は世襲の通称で、関ヶ原の時期は2代・清忠《きよただ》が四郎次郎を名乗っていた。茶屋一族は初代・清延《きよのぶ》の時に家康の御用商人となり、家康が豊臣政権で発言力を強めるごとに物流の元締めを任されるなど特権を与えられたため、積極的に家康を支援した。今井宗薫は豪商であり茶人でもあった今井宗久《そうきゅう》の息子である。もとは秀吉の側近だったが、秀吉が宗久よりも新興の茶人を重用したため、秀吉没後に家康と親密になった。家康からの信頼が厚く、伊達政宗や最上義光への伝令として何度も奥州へ出張している。

一方の西軍についた豪商では、堺の津田宗凡《そうぼん》と博多の神屋《かみや》宗湛《そうたん》が代表格である。津田宗凡は豪商で茶人の津田宗及の息子で、宗及から茶の湯を学んで秀吉の茶頭となった。堺出身の小西行長が西軍方についたため、それを支持して自らも西軍に味方する。神屋宗湛は秀吉に厚遇された豪商である。しかしそれが仇となり、家康には重く用いられなかった。そこで親交がある宗凡を仲介にして三成と気脈を通じ、西軍を支援した。

豪商たちの戦後は、大名たちと同様に東軍と西軍のどちらについたかで明暗が分かれている。四郎次郎は3代・清次《きよつぐ》がベトナムへ貿易船を送り出すまでに繁栄し、巨万の富を得た。また、宗薫も江戸幕府から貿易船を送り出す特権を与えられている。これに対し、宗凡は豪商の立場を失って没落していった。宗湛は以前から茶の湯を通じて交流のあった黒田如水が東軍方についていたことから、この縁を頼って黒田家の御用商人となり、命脈を保った。関ヶ原は商人たちにとっても天下分け目だったのだ。

西軍の動きをとめた堅城

津城跡（安濃津城）

三重県津市丸之内27

織田信包（信長の弟）が築城した津城は安濃津城とも呼ばれる。関ヶ原の戦い後に移封してきた藤堂高虎が大規模な改修を行い近代的な城となったが、現在では、本丸・西の丸・内堀の一部を残すのみである。

アクセス

JR・近鉄「津駅」からバス約8分「三重会館」より徒歩約3分

九州の関ヶ原・石垣原の戦い

大友義統本陣跡

大分県別府市南立石本町1343

石垣原の戦いで東軍・黒田如水と戦った西軍・大友義統の本陣跡。この辺りを石垣原と呼ぶのは平地の真ん中に大石が列状に転がっていたためだという。別府市内には黒田如水本陣跡の碑や、石垣原合戦の碑などもある。

アクセス

別府ICから車で約5分

戦後編

関ケ原の戦いがその後の日本を変えた？

Q78 本戦後に佐和山城攻めを命じられたのは誰か？

関ヶ原の本戦で勝利した徳川家康《とくがわいえやす》は、そのまま西進し、石田三成《いしだみつなり》の居城・佐和山城《さわやまじょう》の攻撃を命じた。本戦からわずか3日後の9月18日、佐和山城は落城。三成の父・正継《まさつぐ》や兄・正澄《まさずみ》らは自刃し、石田家は滅亡した。

この時に東軍の先鋒となったのは、本戦で東軍に内応した小早川秀秋《こばやかわひであき》だった。また、佐和山城攻めには脇坂安治《わきざかやすはる》・朽木元綱《くつきもとつな》・小川祐忠《おがわすけただ》・赤座直保《あかざなおやす》と、同じく内応した大名も加わっていた。なぜ、「裏切り組」に佐和山城攻撃が命じられたのだろうか。

家康の意図を推し量れる逸話がある。本戦後の首実検の時、秀秋は家康の面前で膝を屈し、西軍として本戦前の伏見城攻めに加わったことを詫びたのである。家康はこれを許した上で、秀秋にこれから佐和山城を攻めるように命じたという。裏切り者という負い目から、その後の戦いでも奮戦するだろうという読みがあったのではないか、と考えられる。

一方で、戦後の論功行賞では、「裏切り組」の明暗ははっきりと分かれることになった。

佐和山の山頂には5重の天守が建っていたという

小早川秀秋は、備前・美作51万石への加増。脇坂安治は淡路洲本3万3千石の所領を安堵された（後に加増）。しかし、朽木元綱の処分は近江朽木2万石を半分に減封。小川祐忠は伊予今治7万石、赤座直保は越前国内2万石の所領を没収されてしまう。

この扱いの差は、事前に内応の約束があったかどうかに起因している。秀秋は東軍の井伊直政《いいなおまさ》や本多忠勝《ほんだただかつ》などから工作を受けており、脇坂も藤堂高虎《とうどうたかとら》の工作によって東軍と通じていた。だが、それ以外は東軍への内応を事前に明らかにしていなかったとみなされ、減封や改易の憂き目にあってしまったのだ。

Q79 大垣城の落城を描いた『おあむ物語』とは何か？

乱世となると、どうしても武将たちの活躍に目が行きがちである。しかし、戦国時代には女たちも必死に生きており、中には生々しい記録を残した者もいた。『おあむ物語』を口述した女性、「おあむ」がその人だ。

『おあむ物語』は、石田三成家臣の山田去歴《やまだきょれき》の娘、おあむの話を筆記した物語である。少女時代に関ヶ原の戦いに遭遇したおあむの体験が、臨場感に満ちた語り口で述べられている。なお、「おあむ」とは、女性の名前とも「御庵《おあん》」つまり尼僧のことともと解釈でき、定かではない。

関ヶ原の戦いの後、去歴は領地の彦根を逃れて大垣城に立てこもった。この時、おあむも父に従い、母と弟とともに大垣城に入る。当時17歳のおあむは、そこで恐ろしく、辛い出来事を体験する。

城に入ったばかりのおあむは、石火矢《いしびや》を放つ時の轟音や、戦死した者の声が城内に聞こえたことなどを、恐ろしかった体験として語っている。しかし、若いおあむはやがて戦時の生活に慣れ、恐怖心を克服していく。

城内の女たちは、戦時には鉄砲の弾を鋳《い》る仕事をしていた。それだけでなく、戦場で取った首が女たちのもとに集められ、名札をつけて点検することまでした。時には、首にお歯黒をつけるよう侍衆に頼まれることもあったという。お歯黒をつけた首は、身分の高い武士とみなされ、大きな手柄になったためだ。こうした役目にも、おあむは「首も恐くはなくなりました。その首が転がる中で寝たこともありました」と語る。

しかし、落城の寸前には、14歳の弟が鉄砲玉にあたり、死んでしまうという不幸にも直面する。その晩、総攻撃が翌日に迫っているという情報を得た去歴は、臨月だった妻とおあむを連れて、密かに城を脱出した。決死の逃避行の最中、おあむの母は産気づき、田の水を産湯がわりに使って女の子を出産する。その後、山田一家は親類を頼り、土佐へと落ちのびていったという。

おあむは晩年、夫と死に別れて甥に養われて生活し、80余歳で没したという。幼少期におあむの話を聞いた男が、江戸時代中期に書き残したのが『おあむ物語』というわけだ。女性の視点から、戦国時代の生活や銃後の様子などを活写した、貴重な記録となっている。

Q80

毛利輝元はなぜ簡単に大坂城を明け渡したのか？

西軍の総大将だった毛利輝元《もうりてるもと》は、本戦には参加せず大坂城にいた。もし、輝元が幼い豊臣秀頼を戴いて出陣してきた場合、豊臣恩顧の東軍の武将たちの戦意は大きく削がれ、家康は窮地に陥ったかもしれない。しかし、東軍が大垣に現れたのは9月14日の午後。西軍の急使がそこから大坂城に向かっても、翌15日の関ヶ原の本戦には間に合わない。家康は素早い動きで、秀頼を担ぎ出されるという最悪のシナリオを避けたことになる。

西軍は関ヶ原の戦いで敗れたが、毛利秀元《ひでもと》や立花宗茂《たちばなむねしげ》などは、なおも大坂城に籠って東軍と一戦を交えることを主張していた。しかし、輝元は東軍との交渉の末、9月25日に戦うことなく大坂城を明け渡してしまった。

輝元が大坂を退去したのは、彼の身の安全を保証し、所領を安堵するという家康側の誓約があったためである。毛利家臣の吉川広家《きっかわひろいえ》も、内応の見返りとして毛利家の所領安堵の密約を事前に取り付けていた。所領安堵の誓紙は、福島正則《ふくしままさのり》や井伊直政、黒田長政《くろだながまさ》など多

関ヶ原の後、毛利輝元が本拠として築いた萩城跡

数の東軍武将から出されており、輝元は十分に安心したのだろう。
ところが、その誓約は反故《ほご》にされ、10月に所領没収という処分を下されてしまう。没収された領国のうち、周防と長門は内応の見返りとして吉川広家に与えられた。じつは、家康の誓約は、「輝元が事情を知らずに担ぎ出されたのであれば、所領を安堵する」という内容だった。後になって、輝元が積極的に西軍に加担していたことを示す書状が発見されると、誓約も無効になってしまったのである。結局、広家の懇願によって毛利家は改易を免れ、周防・長門2か国という大幅の減封を受け入れることになった。

Q81 逃亡した石田三成を捕縛したのは誰か？

関ヶ原本戦で敗退した石田三成は、戦場を離脱して伊吹山に逃れた。しかし、徳川家康の西軍諸将に対する追及は凄まじく、三成は合戦から七日後の9月22日、近江の古橋村で捕縛された。三成を捕えたのは、三河国岡崎城主の田中吉政《たなかよしまさ》である。

田中吉政は、天文《てんぶん》17年（1548）に近江国に生まれた。身分は低かったが、浅井《あざい》家臣の宮部継潤《みやべけいじゅん》に仕え、頭角を現す。近江の地理に明るかったことが、三成の捜索時にも役立ったことだろう。浅井家滅亡後は豊臣秀吉《とよとみひでよし》に仕え、秀吉の甥・秀次《ひでつぐ》の傅役となった。秀次は後に失脚し、切腹を申し渡されるが、吉政は秀次に諫言《かんげん》をしていたとして咎められなかった。文禄《ぶんろく》5年（1596）の加増により、吉政は三河国岡崎10万石の領主となる。

関ヶ原の戦いでは、吉政は家康の上杉征伐に従軍。三成挙兵の知らせを受け、他の東軍諸将とともに西進し、本戦で活躍した。

合戦後、三成を捕縛した吉政は、彼を丁重に扱った。『常山紀談《じょうざんきだん》』によれば、腹痛で苦し

三成が敗戦後に逃れたという伊吹山

む三成に、ニラ雑炊を出してもてなしたという。『常山紀談』は江戸時代中期の成立で、史実性は乏しいとされる。しかし、吉政は領内のキリシタンを保護するなど寛容な人物像が伝わっており（自らも受洗し、洗礼名バルトロメオを名乗った）、前の逸話も吉政の人柄があってこそつくられたのだろう。大垣城攻めの際、「おあむ物語」に登場する山田去歴を城外に脱出させる手引きをしたのも吉政だったといわれる（Q79）。

三成捕縛などの功績により、吉政は筑後柳川32万石を与えられた。岡崎や柳川では、治水工事など内政面でも手腕を発揮している。

Q82 三成が処刑される前に柿を断った逸話は本当か?

石田三成の処刑については、よく知られたエピソードがある。処刑される直前、三成は警護の者に白湯を所望した。しかし、白湯がなかったので干柿を差し出された。すると三成は、「柿は痰の毒なのでいらない」と断った。これから処刑される者が体に悪いものを気にするとは、と笑われたが、三成は平然として「大志を持つ者は、首をはねられる瞬間まで命を大切にするものだ」と言ったという。

三成の人物像を表すものとして非常に有名な逸話だが、史実なのだろうか。この話の出典は、江戸時代に書かれた『茗話記《めいわき》』という逸話集であり、史実性は薄い。この逸話だけでなく、三成が豊臣秀吉に仕えるきっかけとなった「三献茶」のエピソードも後世の創作である可能性が高い。鷹狩りの最中に喉が渇き、寺に立ち寄った秀吉に対して、小姓だった三成が温度を徐々に上げて茶を出したという話である。これも、江戸時代中期に刊行された逸話集『武将感状記《ぶしょうかんじょうき》』が元になっている。

Q83 石田三成・小西行長・安国寺恵瓊が首を晒された三条河原とは?

慶長《けいちょう》5年（1600）10月1日、乱の首謀者とされた石田三成・小西行長《こにしゆきなが》・安国寺恵瓊《あんこくじえけい》の3名は、京都の六条河原において斬首された。この六条河原は、平安時代から刑場として使われ、保元《ほげん》の乱（1156）や平治《へいじ》の乱（1159）の敗将などが処刑されている。

三成らの首はその後、三条河原で晒された。ここでも古くから処刑が行われたり、刑死後の首が晒《さら》されたりしていた。三条河原で処刑された有名な例としては、釜茹での刑に処された盗賊の石川五右衛門《いしかわごえもん》がいる。また、豊臣秀吉の甥の秀次は、謀反の疑いにより高野山で切腹した後、三条河原で首を晒された。さらにその前で、妻子など30名以上が処刑されている。

鴨川に架かる三条大橋は東海道五十三次の終点にあたり、三条通は古くから人の往来が多かった。そのため、三条大橋のそばにある三条河原は、見せしめとして政治犯や凶悪犯の処刑や晒し首を行うのに最適な場所だったのだろう。

Q84 三成の血は絶えることなく徳川家にも入っていた？

関ヶ原の戦いの後、石田三成は処刑される。それに先立って居城の佐和山城も落城し、父・正継や兄・正澄や正室の皓月院《こうげついん》など、一族の多くが城と運命をともにした。大名としての石田家は滅亡したが、三成の血がここで絶えたわけではない。

三成の息子たちは城を脱出しており、他家に嫁いだ娘たちも無事だった。意外なことに、三成の子女は全員生きのびているのである。

長男の重家《しげいえ》は、祖父の正継の説得によって佐和山城を脱出、妙心寺の寿聖院《じゅせいいん》に逃げ込んで僧侶となった。彼は宗亨禅師と号して寿聖院の住職となり、１０３歳の天寿を全うしたという。三男の佐吉もまた、佐和山城から脱出して高野山に入り、僧侶となった。

次男の重成《しげなり》は、なんと遠く津軽まで逃げのびた。領主の津軽《つがる》家は、三成と深い縁があったためである。本州最北端の戦国大名である津軽為信《ためのぶ》は、三成の仲介によって豊臣政権と繋がりを持つことができた。豊臣秀吉から所領を安堵されたのも、三成の助言が大きかったという。また、三成は為信の長男・信建《のぶたけ》の元服に際し、烏帽子親も務めている。そのため信建は、三成を実の父のように慕っていた。

関ヶ原の戦いで為信は東軍につくが、信建は西軍に従って大坂城に入った。戦いがどちらに転んでも家が存続するようにという保険であり、三成の恩に報いるためでもあった。西軍の敗北後、信建は重成を連れて大坂城を脱出し、津軽へと逃れた。津軽家に匿われた重成は、石田の名で迷惑をかけないよう杉山源吾《すぎやまげんご》と改名し、代々津軽藩に仕え続けた。また、重成とともに、三成の娘・辰姫《ふりひめ》も津軽に落ちのびている。為信の三男で、2代目の津軽藩主となった信枚《のぶひら》は、辰姫を妻に迎えた。その間には3代藩主・信義《のぶよし》が生まれている。

また、驚くべきことに三成の血は徳川家にも入っている。三成の次女は会津藩蒲生《がもう》家の家老・岡半兵衛重政《おかはんべえしげまさ》に嫁ぎ、後継ぎの吉右衛門《きちえもん》を産んだ。

この系統と徳川家を結びつけたのは、3代将軍・徳川家光《いえみつ》の時代、大奥の最高責任者となった祖心禅尼《そしんぜんに》である。祖心禅尼の娘は、三成の孫にあたる岡吉右衛門に嫁ぐ。その娘・お振《ふり》の方（三成の曾孫）が、家光の側室になり、千代姫《ちよひめ》を産むのである。

江戸時代を通じ、石田三成は徳川家康に刃向かった「逆臣」とみなされてきた。その一方で、三成の境遇を憐れみ、その子孫を保護した人々も存在していたのである。

Q85 西軍についたことで最も所領を減らされたのは誰か？

関ヶ原の戦い後、西軍に加担した諸大名には改易・減封など厳しい処分が下された。没収された石高は６３２万石と、全国の石高１８００万石の三分の一を上回る。減封となった大名のうち、最も幅が大きかったのは、陸奥会津１２０万石から出羽米沢30万石にまで減らされた上杉景勝《うえすぎかげかつ》である。

上杉景勝は、いわば関ヶ原の戦いの発端となった人物である。徳川家康に対抗し、東北で伊達政宗《だてまさむね》や最上義光《もがみよしあき》らと戦っている。改易になってもおかしくない状況だったが、なぜ上杉家は存続を認められたのだろうか。

関ヶ原本戦で西軍が敗れたという知らせを受け、景勝は家康への帰順を決定する。決断の背景には、上杉家の重臣で伏見留守居役だった千坂景親《ちさかかげちか》の進言があった。景親は、家康の重臣である本多正信《まさのぶ》と親交があり、その繋がりを利用して上杉家存続にも尽力した。

また、家老の直江兼続《なおえかねつぐ》も家康の次男である結城秀康《ゆうきひでやす》を動かし、お家存続に努めた。会津

関ヶ原後の領国分布

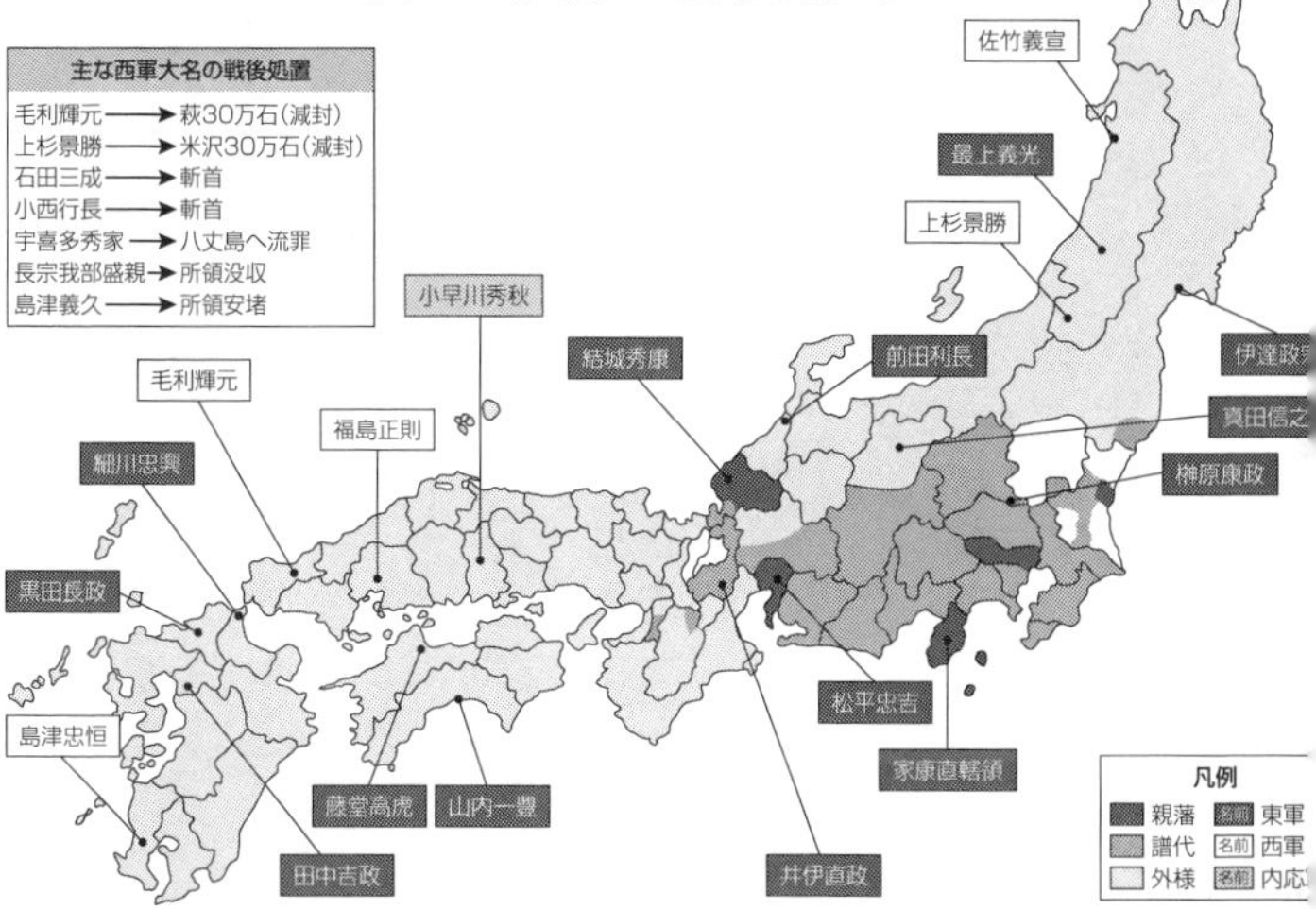

征伐に向かった家康は、三成挙兵の報を聞いて軍を引き返すが、この時上杉への押さえとして、宇都宮におかれたのが秀康だった。

　戦後、兼続からの懇願を受けた秀康は、名族である上杉家を滅ぼすのは避けるべきだと家康に進言している。

　これらの嘆願が功を奏し、合戦の翌年の慶長6年（1601）6月、上杉家に申し開きの機会を与えられる。景勝と兼続は、7月に上洛して家康に拝謁。謝罪の結果、8月に家康の沙汰が下された。こうした経緯により、上杉家は90万石を失う大幅な減封にはなったものの、改易は免れることができたのである。

Q86 西軍の副将・宇喜多秀家の意外なその後とは？

西軍の主力を率いた宇喜多秀家《うきたひでいえ》は、備前岡山57万石の大大名で、若くして五大老の一員となった人物だ。石田三成の決起に呼応して西軍の副将となり、関ヶ原の本戦では福島正則隊と激闘を繰り広げた。

しかし、小早川秀秋の裏切りをきっかけに西軍の諸隊は壊滅。秀家は秀秋への怒りを顕にし、小早川隊に突撃しようとした。しかし、家臣の明石全登《あかしてるずみ》の諫めを聞いて、わずかな従者とともに戦場から離脱したという。なお、明石全登はその後浪人となり、大坂の陣で豊臣方について奮戦している。

逃走した秀家は、まず伊吹山に隠れて家康の追っ手をかわす。さらに、遠く薩摩まで逃げのびて島津《しまづ》家に匿われることになった。しかし、やがて島津家が秀家を庇護していることが噂に上りはじめる。慶長7年（1602）、当主の島津忠恒《ただつね》は徳川家康との和睦に際し、秀家の助命を条件として、身柄の引渡しを了承した。

八丈島にある宇喜多秀家と妻の豪姫の銅像

秀家は、初めは駿河の久能山に幽閉され、翌年になって二人の息子とともに八丈島に流された。これは、八丈島に公式に流罪となった初めての例だった。

流人となった秀家は、久福という号を名乗り、質素な生活を送りながら半世紀を生きた。明暦《めいれき》元年（1655）、秀家は83歳で天寿を全うする。秀家の息子である秀高《ひでたか》、秀継《ひでつぐ》の子孫はその後も八丈島で暮らし、秀家の血脈を伝えた。

そして江戸幕府が滅亡した後の明治元年（1868）、明治政府は宇喜多一族の赦免を決定。秀家の子孫たちは、実に260年ぶりに本土に戻ることを許されたのである。

Q 87

中央突破を図った島津家は なぜ所領を安堵されたのか?

関ヶ原の戦いで西軍に加担した大名は、いずれも改易や減封などの厳しい処分を受けている。しかし、島津家については薩摩・大隅の所領安堵という寛大な措置だった。その背景には、関ヶ原の戦いで勝利したといえども、徳川家康の天下がすぐに確立したわけではなかったという事情がある(Q96も参照)。

本戦で敵中突破を図った義弘《よしひろ》は、薩摩に帰ってから蟄居し、恭順の意を示す。島津家の側は、前当主の義久《よしひさ》(義弘の兄)と当主の忠恒(義弘の子)が和睦交渉にあたった。しかし、義久は家康に上洛を求められても、警戒して応じない。その結果、島津家に対する処分問題は最後まで残った。本戦直後の慶長5年(1600)9月末、家康は島津家討伐の指令を発したが、実行されなかった。遠方の薩摩に出兵する時間や費用は膨大であり、毛利家の処分といった懸案を抱えていたことから、その余裕はなかったのだろう。

慶長7年(1602)、家康は所領を安堵するという誓約書を義久に送り、問題の解決を

JR伊集院駅前に立つ島津義弘の銅像

図った。同年、上洛に応じた忠恒が家康と会見し、ようやく和睦が成立した。

所領安堵の理由として、原《はら》口《くち》泉《いずみ》氏（鹿児島大学名誉教授）は「島津家と明国とのコネクション」の存在を指摘している。慶長5年、家康は朝鮮の役で絶たれていた明国との国交回復を図り、薩摩の豪商の仲介で皇帝に国書を届けた。ところが、答礼の明国商船が襲撃される事件が起きる。原口氏はこれを「島津に手出しすると明への窓口が失われるぞ」という、家康に対する島津側の脅しと解釈した。これが事実とすれば、島津家は明とのパイプが欲しい家康の弱みをついて、所領安堵を勝ち取ったことになる。

Q88 四国の雄・長宗我部盛親を襲った悲運とは？

土佐22万石の領主・長宗我部盛親《ちょうそかべもりちか》は、約6千6百の精鋭を率いて西軍に参加していたが、本戦では1人の兵も動かすことはなかった。だが、戦後処理の結果所領を没収され、盛親は浪人となってしまう。なぜ、盛親はこのような悲劇に見舞われたのだろうか。

石田三成の挙兵後、東西どちらにつくかの決断を迫られた盛親は、軍議の結果家康につくことを決める。ところが、盛親が家康のもとに送った使者が、近江水口の関所で足止めされてしまう。水口城主の長束正家《なつかまさいえ》が、東に向かう者を厳しく警戒していたのだ。東軍につけなかった盛親は、やむなく西軍に参加。この誤算が、結局家の滅亡を招いてしまった。

9月15日の本戦では、盛親は南宮山東南の栗原村に布陣した。関ヶ原の戦場から最も遠い場所で、東軍に内通していた吉川広家が、盛親を警戒して配置したと思われる。盛親も、前述の経緯から積極的に参加する意思は少なかった模様だ。結局一本の矢も放たないまま、西軍の敗走を受けて土佐へと退却した。

浦戸一揆で処罰された一領具足を祀る石丸神社

帰国した盛親は、井伊直政を通じて家康への謝罪を試みた。さらに盛親自身も大坂に出向くが、嘆願は既に遅く、所領没収となる。長宗我部家の家臣である「一領《いちりょう》具《ぐ》足《そく》（半農半兵の武士で、戦時には一領の具足を持って集まることからついた名称）」はこれに抗議して浦戸一揆を起こすが、鎮圧されてしまった。

長宗我部家に代わって土佐入りした山内一豊は、領国の武士に厳格な身分差をつけた。土佐入封前からの家臣や長宗我部家の旧臣の一部のみを上士とし、一領具足を郷士としたのである。郷士への差別は幕末まで続き、坂本龍馬などの志士を生み出すことになる。

Q89

家康に激賞された東軍最大の功労者とは？

東軍を勝利に導いた最大の功労者は、誰になるだろうか。合戦の直後、徳川家康からの書状で「御粉骨御手柄ともに比類なく候。いま天下平均の儀、誠に御忠節ゆえと存じ候」と、最大級の賛辞を受けた武将がいる。豊前中津城主だった黒田長政である。

豊臣恩顧の武将でありながら、長政はなぜ家康のために尽くしたのだろうか。その原因は、豊臣秀吉の朝鮮出兵にあったと考えられている。慶長3年（1598）正月、豊臣軍は蔚山城《うるさんじょう》を包囲する明・朝鮮軍を破るが、追撃を行わなかった。このことが石田三成派の奉行によって報告され、長政など現地の武将たちは秀吉から厳しい咎めを受けた。こうした経緯により、長政は清正らとともに反三成派の中心人物になったのである。

黒田長政は、父の如水《じょすい》（官兵衛）とは異なり、智謀より武勇に優れていたイメージがある。実際、関ヶ原の本戦でも活躍し、三成の武将・島左近《しまさこん》を銃撃して戦死させるなどの武功をあげている。だが、特筆すべき活躍は、むしろ父譲りの調略だった。

黒田長政肖像(東京大学史料編纂所所蔵模写)

毛利家の一族である吉川広家は、家督継承の際黒田如水に恩義があった。その縁で長政は広家に対する内応工作を行い、毛利隊を釘付けにすることに成功する。さらに本戦の後、大坂城に居座る毛利輝元に対し、城の明け渡し交渉も行った。

ちなみに、長政といえば次の逸話も有名だ。合戦の後、長政は父の如水に、家康が彼の右手をとって感謝したと報告した。すると如水は、「その時、お前の左手は何をしていたのか(家康の首を取れる好機ではないか)」と言ったという。如水の野望の強さを示すエピソードとされるが、これは江戸期の『古郷物語《こきょうものがたり》』を出典としており、信憑性は薄い。

Q90 戦後の諸大名の配置はどのように決定したのか？

関ヶ原の戦い後、西軍諸大名からの所領没収と、東軍諸大名への論功行賞により、大幅な領土配分の変化があった。没収された石高は、全国の石高1800万石の三分の一を超える、632万石に上る。その大半は、東軍に加担した豊臣系大名に国単位で配分されることになった。福島正則や黒田長政、山内一豊《やまうちかつとよ》らは、ここで国持大名に昇格する。

これらの領地配分を地図上で見てみると（巻末地図参照）、あることに気づく。徳川家の家臣や親族である徳川系の大名は東国に、豊臣家の家臣として取り立てられた豊臣系の大名は西国に集中しているのである（島津・伊達・上杉など、中世から続く旧族系外様大名は別とする）。

これは一見すると、徳川家による政権運営には不都合に思える。「家康は、豊臣系大名を僻地に追いやり、政権に参画させないようにした」という説明が、しばしばなされる。しかし、この大名配置では、西国に集まった豊臣系大名が結託して反乱を起こすかもしれない。豊臣系大名を信頼していないのならば、西国の外様大名の間に譜代大名を配置し、監視や牽制をさせるのが賢明だろう。つまり、家康の意図は別にあったことになる。

家康の意図を読み解く鍵は、徳川家康と豊臣秀頼の「二重公儀体制」である。そもそも、中世からの武家政権は全国を一元的に支配しているわけではなかった。鎌倉幕府は東国の政権で、西国は京都の朝廷が支配を及ぼしていた。室町幕府は京都にあったが、東国の支配は関東公方に委任されていた。さらに、豊臣秀吉もまた、東国の統治をかなりの程度家康に任せていたのである。関ヶ原直後の家康としては、東国は徳川家、西国は豊臣家が支配力を及ぼすという政権構想を持っていたのではないだろうか。

もっとも、豊臣系大名の中で最も加増幅が大きかった池田輝政《いけだてるまさ》を見れば、西国に対する家康の思慮が読み取れる。輝政は家康の次女・督姫《とくひめ》を正室としており、徳川家との結びつきは強かった。関ヶ原の戦いでも迷うことなく東軍につき、岐阜城攻めで軍功をあげる。その功績により、輝政は東三河15万石から、播磨姫路52万石へと大幅に加増された。地理的にも播磨は西国に睨みをきかせる重要拠点であり、家康の厚い信頼が窺える。

輝政は移封翌年の慶長6年(1601)より、9年の歳月を費やして居城の姫路城の大修築を行った。5層7階の壮麗な天守は、この時に築かれたものである。

Q91 諸大名に**領地宛行状**が発給されなかった理由とは？

関ヶ原の戦いの後、東軍の諸将に対する加増が行われた。じつは、この時の領地配分には奇妙な点がある。領地宛行《りょうちあてがい》の判物や朱印状《しゅいんじょう》が、一切発行されていないのである。

武士の時代を支えた封建制度は、主君が領地を与える見返りに、家臣が忠誠を誓うというものである。そのため、土地の所有権を証明する領地宛行状は、武士にとって非常に重要な意味を持っているのだ。

それにも関わらず、徳川家康が関ヶ原の戦い後の論功行賞で、領地宛行状を発給した形跡は見られない。たとえば、豊前小倉を与えられた細川忠興《ほそかわただおき》の場合である。寛永《かんえい》9年（1632）、子の忠利《ただとし》が肥後熊本に転封となるが、この時忠利は父に対して領地宛行状の有無を問合わせた。細川家の史料によれば、忠興はこれに対し、「土地を拝領した時の書状はなく、私に限らず他も同様だった」と答えている。

安芸・備後の2か国を与えられた福島正則の場合は、本多忠勝と井伊直政が使者となり、家康の意向を口頭で伝えた。領地の授受という重要事項であり、しかも同時期に全国的な変更が行われたにも関わらず、まったく書面を発行していないのは不自然に感じられる。

なぜ、領地宛行状は発給されなかったのか。歴史学者の笠谷和比古《かさやかずひこ》氏は、この時期の徳川家と豊臣家の関係性に理由を求めている。確かに、家康は関ヶ原の戦いの勝者となり、軍事的には他を圧倒する立場になった。しかし、関ヶ原の戦役は、名目的には石田三成らの逆賊を討伐するためのものだった。形式的には、家康は豊臣秀頼の家臣であることに変わりない。あくまでも、幼い秀頼に代わって政務を行っているのである。

加藤清正や福島正則といった豊臣恩顧の武将も東軍に与したが、彼らは家康の天下を望んだわけではなく、家康に従って反乱軍を鎮圧したにすぎない。秀頼に対する彼らの忠誠心はいまだ強く、家康が豊臣家をないがしろにする行動を取れば、彼らは簡単に離反するおそれがあった。関ヶ原の戦いの直後の時点では、家康の天下はまだ確立されていなかったのである。

関ヶ原の戦い後の領地配分は、言うまでもなく家康の意思によるものである。しかし、諸大名に領地を与える主体は、形式上はあくまでも秀頼でなければならない。家康が領地宛行状を発給できなかった背景には、当時の家康が置かれた微妙な立場があるのだろう。

Q92 関ヶ原の戦い後に蒲生家が旧領復帰できた理由とは？

関ヶ原の戦いの結果、会津の所領は上杉景勝から没収された。代わって会津に入ったのは、かつて会津を治めていた蒲生秀行《がもうひでゆき》だった。

秀行の父は、俊英とうたわれた蒲生氏郷《うじさと》である。天正《てんしょう》18年（1590）、氏郷は豊臣秀吉の命により、東北の押さえとして会津を拝領した。しかし、氏郷は文禄4年（1595）に急死。わずか13歳の秀行では職務に耐えないと考えた秀吉は蒲生家の転封を考えるが、秀行が徳川家康の娘・振姫と結婚するという条件で継承を認める。しかし、若い秀行は重臣間の対立を抑えられず、結局内紛を起こして転封させられてしまった。慶長3年（1598）のことで、会津92万石から宇都宮18万石へという〝左遷人事〟だった。

関ヶ原の戦いでは、秀行は家康次男・結城秀康に従い、宇都宮で上杉家の牽制にあたる。大きな軍功はなかったものの、家康の義理の息子という縁から、戦後に旧領へ復帰することができたのである。

Q93 小早川秀秋が早世したのは**大谷吉継の祟り**だったのか?

合戦中に東軍に内応し、勝敗を決めた小早川秀秋。その功績は徳川家康も高く評価し、宇喜多秀家の旧領にあたる備前・美作51万石を封じられた。ところが、関ヶ原の戦いからわずか2年後の慶長7年(1602)、秀秋は21歳の若さで急逝してしまった。嗣子がなかったため、小早川家は断絶となる。

秀秋の死をめぐっては、『関原軍記大成』にこのような逸話がある。小早川秀秋の裏切りによって隊が壊滅した大谷吉継《おおたによしつぐ》は、自刃する際に「人面獣心なり。三年の間に祟りをなさん」と言った。秀秋は吉継の死霊を見るようになり、狂乱して死んだという。『関原軍記大成』は江戸時代中期の成立で、脚色が多い。この話も俗説に過ぎないと言えるが、「小早川秀秋=裏切り者」という認識が、当時から世間に広まっていたことの証左と言えるだろう。

じつは、秀秋は少年期から過度の飲酒をしていたという記録がある。近年の研究では、秀秋の死因は飲酒からくる内臓疾患(肝硬変など)とする説が有力である。

Q94 関ヶ原の戦いの後 豊臣家の立場はどうなったか？

多くの人は、関ヶ原の戦いを「徳川家康の天下を決定づけた戦い」と認識しているだろう。そして、豊臣秀頼は戦後の領地替えの結果、摂津・和泉・河内65万石の一大名に転落したと理解されてきた。

しかし、当時の史料を検討すると、関ヶ原の直後に家康の天下が確定したわけではなかったことがわかる。慶長8年（1603）の毛利輝元の書状には、秀頼の関白《かんぱく》任官がまもなく行われるであろうという記述がある。当時の人々は、幼い秀頼も成長するとともに関白に任じられ、政務を行うようになると認識していたことになる。家康の立場は、依然として秀頼の臣下を脱してはいなかった。あくまでも、五大老の筆頭として、幼い秀頼のために政務を代行するという名目だったのである。

関ヶ原では、東軍に多くの豊臣恩顧の大名が参加し、活躍した。だが、彼らも家康の武将としての器に敬服してはいたが、家康が秀頼に取って代わることを認めるかは別問題だった。彼らは、軍事的な実力者である家康に従属しつつも、秀頼への忠誠を捨てたわけではなかったのである。

また、秀頼の領土が畿内の65万石に削減されたといっても、それは秀頼の直轄地の話である。豊臣家直臣の領地である給人知行地は、西日本に広く分布していた。江戸幕府の旗本領のようなものである。歴史学者の笠谷和比古氏はこれらの事実を検討し、関ヶ原の戦いの直後の日本は「二重公儀体制」だったと論じている。徳川家・豊臣家の対等な二家が頂点に立ち、危うい均衡を保っていたわけである。

この微妙な力関係では、家康の生前は徳川の天下でも、秀頼が成人し、徳川家が代替わりすれば逆転する可能性を持っていた。家康にとっては、豊臣家は自分の死後に徳川家の支配を脅かすおそれがあったのである。

しかし慶長16年（1611）に加藤清正が、二年後には浅野幸長《あさのよしなが》が病没。豊臣家は有力な忠臣を失い、徳川・豊臣の力のバランスが崩れるきっかけとなった。

徳川家の支配を永続させることを願った家康は、豊臣家の誅滅を決意する。慶長20年（1615）、大坂夏の陣において秀頼は自害し、豊臣家は滅亡した。この時をもって「二重公儀体制」は崩れ、徳川家の支配が確立することになる。

Q95 家康と豊臣恩顧の大名との合戦後の関係はどうなった？

関ヶ原の戦いの後、徳川家康の悩みの種になったのは、加藤清正など豊臣恩顧の大名たちだった。彼らは合戦で大活躍し、多くが西国の国持大名となる（Q94）。彼らが豊臣家に忠誠を持ち続ける限り、徳川家の支配を揺るがすおそれは消えていなかった。

たとえば、関ヶ原直後の論功行賞では、本戦や岐阜城攻めで先鋒を務めた福島正則の功績が高く評価された。安芸・備後50万石を与えられたが、家康はそれでも正則が不満を言うのではないかと危惧していたという（『板坂卜斎覚書《いたさかぼくさいおぼえがき》』）。重臣の井伊直政と本多忠勝が使者となって正則のもとに赴いたが、正則は上機嫌でこれを受けたので、両名は安堵したとのことだ。豊臣系大名なしに関ヶ原の勝利はあり得なかったが、同時に彼らは家康にとって潜在的な脅威である。家康が非常に気を使ったことがわかる挿話だ。

もちろん、豊臣系大名の中にも温度差はあった。藤堂高虎は豊臣系ながら、政治的にははっきりと親徳川の姿勢に乗り換えていた。関ヶ原では大谷吉継隊と激戦を繰り広げている。大坂の陣でも長宗我部盛親隊と衝突し、甚大な被害を出した。こうした献身的な働きが評価され、外様大名ながらも譜代と同格の扱いを受けている。家康の婿である池田輝政も、家康の信頼厚い豊臣系大名の一人だった。

一方で、豊臣秀頼を支え続ける忠臣としては加藤清正・福島正則・浅野幸長の三名があげられる。慶長16年（1611）、家康の要請により、京都の二条城において家康と秀頼の会見が実現した。二条城会見は両者が対等の立場で行われ、豊臣・徳川両家の融和を印象づけるものだった。この会見において、秀頼の近くに寄り添い、警護を行ったのが清正と幸長である。福島正則も、兵を率いて街道筋の守りにあたっていた。

ところが、清正は会見からまもなく病死し、幸長も2年後に亡くなった。家康に従属しながらも、秀頼に危害が及ばないように目を光らせていた存在が、相次いで死去したことになる。残る正則も隠居してしまい、豊臣家を軍事的に守る体制は崩壊してしまった。

慶長19年（1614）、家康は方広寺《ほうこうじ》鐘銘事件《しょうめいじけん》をきっかけに、豊臣家の討伐を開始する。大坂冬の陣・夏の陣では、正則の嫡子・忠勝が大坂城攻めに加わった。豊臣家は、恩顧の大名たちに味方になるよう呼びかけを行ったが、豊臣家と最も絆の深い福島正則が徳川家についた以上、豊臣系大名が大坂方につく望みは皆無となってしまった。

Q96 家康の征夷大将軍就任にはどんな意味があったのか？

徳川家康は、関ヶ原の戦いで勝利してからスムーズに天下人になったわけではない。家康が京都の伏見城において、朝廷から征夷大将軍に任命されたのは、合戦から3年を経た慶長8年（1603）2月になってからだった。

じつは、関ヶ原の本戦後も、全国の平定には意外なほど時間がかかっている。上杉景勝の処分が決まったのは年が明けた慶長6年（1601）であり（Q85）、島津家との和睦が成立したのは慶長7年（1602）になってからなのである（Q87）。これらの難題をクリアして、ようやく家康は将軍になれたというわけだ。

だが、これまでも書いたように、家康の将軍就任によって徳川の天下が定まったわけではない。むしろ家康は、ある意味で〝苦肉の策〟として将軍の位を望んだともいえるのだ。

関ヶ原直後の家康の立場は、まだ豊臣秀頼の臣下を脱していない。家康の死後、再び豊臣家に支配権が移る可能性をはらんでいたのだ（Q94）。そこで家康は、豊臣家を頂点と

徳川家康肖像(東京大学史料編纂所所蔵模写)

する公儀とは別に、徳川家を頂点とする支配体制をつくろうとした。それが、征夷大将軍の権威を利用した公儀だったのである。

豊臣家が権威の源とした関白の職は、天皇に代わって政務を代行するものである。一方、征夷大将軍とは伝統的に、全国の武家領主に支配を及ぼす。理論上、将軍と関白は併存できるし、豊臣恩顧の武将が秀頼に忠誠を誓いながら、同時に家康に臣従することも可能になる。また、家康が秀頼に取って代わることにもならないのだ。この「二重公儀体制」は、慶長20年(1615)に豊臣家が滅ぼされるまで続くことになる。

Q97 『関ヶ原合戦図屏風』に家康が描かれていないことがあるのはなぜ？

「天下分け目の戦い」として有名な関ヶ原の戦いは、江戸時代にしばしば屏風絵の題材になった。たとえば、黒田家伝来の『関ヶ原戦陣図屏風』（福岡市博物館所蔵）には、徳川家康をはじめとする東軍・西軍の諸将が描かれている。特に、先陣を切って突撃する黒田長政の勇姿が際立っており、福岡藩祖である長政を顕彰する意図があるのだろう。

また、井伊家伝来の『関ヶ原合戦図』（彦根城博物館所蔵）の場合は、赤備えの井伊隊が島津隊を追撃する場面が描かれる。いうまでもなく、彦根藩祖の井伊直政の武功を強調している。さらにこの屏風を観察すると、おもしろいことに気づく。東軍の総大将である家康の姿が見当たらないのだ。じつは、本陣の幕や松の木に隠れ、家康の姿が見えないことになっている。行田市郷土博物館所蔵の『関ヶ原合戦図屏風』にも家康の姿はない。家康は鎧櫃に見立てられ、その鎧櫃に向かって「伍」の旗をつけた使番《つかいばん》が戦況報告をしている。

家康が描かれていないのは、時代とともに神格化が進んだことによる。よく知られてい

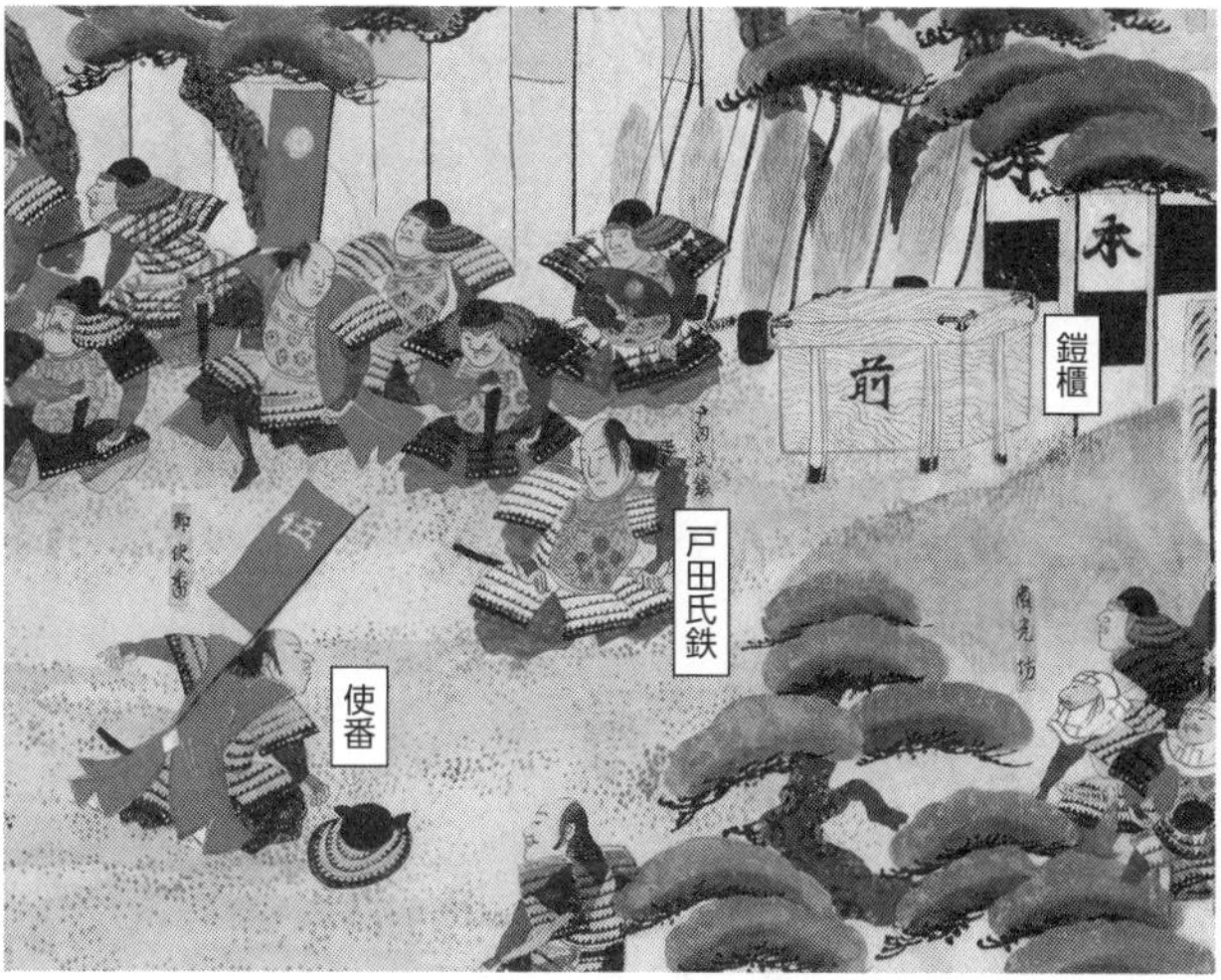

「伍」の旗をつけた使番の報告する先の鎧櫃が家康(行田市郷土博物館蔵)

るように、家康は死後に日光東照宮に祀られ、東照大権現《とうしょうだいごんげん》として江戸時代を通じて崇拝された。徳川の譜代である井伊家は、家康を神聖視する傾向が強かったため、その姿を描いていないのだろう。また、行田市の合戦図の場合は、美濃大垣藩主となった戸田家の影響を強く受けたものと考えられる。そのため、家康のすぐ側に藩祖である戸《と》田《だ》氏《うじ》鉄《かね》が目立つように描かれているのだ。

祖先の顕彰のために描かれた関ヶ原合戦図屏風は、さらに別の絵師に模写され、各地に類似の構図の屏風が伝わることになった。そのため、家康の姿が描かれていない屏風も多数存在しているのである。

Q98 江戸時代に関ヶ原の戦いはどのように描かれていたか？

関ヶ原の戦いといえば、小説やドラマで描かれた名シーンを思い浮かべる人も多いだろう。『直江状』に激怒する徳川家康や、小早川秀秋が逡巡の末、家康に鉄砲を打ちかけられて裏切る場面（問鉄砲《といでっぽう》）、島津義弘の敵中突破など、関ヶ原の戦いは劇的な物語に彩られている。しかし、これらの逸話の多くは同時代の史料には見られない。

現在広く知られている合戦の推移は、明治26年（1893）刊行の、参謀本部編纂『日本戦史　関原役』に基づいている。だが、その出典は一次史料ではなく、『老人雑記』『岩淵夜話《いわぶちやわ》』など江戸時代の編纂史料に偏っているのだ。また、武将の逸話なども、多くの場合は『石田軍記』『関ヶ原御合戦物語』など、江戸時代に書かれた軍記物語を出典としている。関ヶ原の合戦にまつわる劇的なストーリーは、多くは後世に創作・脚色されたものである可能性が高いのである。

その一例として、小早川勢への「問鉄砲」がある。よく知られた合戦の経過は、次のようなものだ。合戦は午前八時頃はじまったが、秀秋は松尾山で去就を決めかねていた。業を煮やした家康は、秀秋の陣所に鉄砲をうちかけ、秀秋は正午ごろに裏切りを決断する。

しかし、合戦から2日後の慶長5年（1600）9月17日付で、石川康通《いしかわやすみち》と彦坂元正《ひこさかもとまさ》が松平家乗《まつだいらいえのり》に出した連署状には、このような記載がある。「敵が要害の地を守っているところへ出陣して、開戦した時、小早川秀秋・脇坂安治・小川祐忠が裏切りをした」

この書状は徳川家中の速報的意味合いが強く、（討ち取った武将の誤認などはあるが）ある程度信頼性が高いといえる。秀秋の裏切りは開戦と同時であり、問鉄砲の必要はなかったことになる。この場合、「島津の退き口」の解釈も変わってくる。島津義弘は戦いを傍観し続けて敵中に取り残されたというより、西軍がすぐに崩れたためにやむなく突破をはかったのではないだろうか。

合戦をめぐり、後世に脚色が加えられた理由は、軍記物語を盛り上げる必要性だけではない。江戸時代は徳川の天下であり、家康に戦いの正統性があったとする「徳川中心史観」の影響もあった。江戸時代中期成立の『関原軍記大成』では、家康は「神君」と記載されている。逆に、家康に敵対した石田三成は、「逆徒」として悪役扱いを受けることになった。江戸時代の編纂史料を読む時は、徳川方のバイアスも考慮しなければならないのである。

Q99 明治維新の原因は関ヶ原の戦いだったのか?

慶応3年(1867)に大政奉還《たいせいほうかん》が行われ、江戸幕府は滅亡する。倒幕の原動力となったのは、薩摩藩と長州藩だった。薩摩藩は島津家、長州藩は毛利家といずれも関ヶ原の戦いで敗れた大名であり、「関ヶ原の恨みが明治維新の原因となった」という説明が、しばしばなされてきた。

毛利家は、関ヶ原の結果石高を三分の一程度にまで削られており、徳川家への怨念は深かったとされる。有名な俗説として、以下のようなものがある。毎年正月になると、家老が藩主に「今年の倒幕の機はいかに」と問い、藩主が「時期尚早」と答える習わしがあった、というのだ。

真偽不明の俗説はさておいても、「関ヶ原の恨み」を維新の原因に求める理解には無理があるだろう。幕末に長州藩主になった毛利敬親《たかちか》が文久《ぶんきゅう》元年(1861)ごろに採用していたのは、「航海遠略策」という政策だった。世界と積極的に通商しつつ、諸外国に対抗しうる国力をつけるというもので、開国派の幕府と攘夷派の朝廷を仲介しようとしていた。長州藩は最初から倒幕なのではなく、むしろ幕府に積極的に協力する立場だったのだ。しかし、幕末の動乱の中で藩政の主導権は桂小五郎《かつらこごろう》や高杉晋作《たかすぎしんさく》などの下級武士に移り、倒幕へと傾いていくのである。

薩摩藩の倒幕運動についても、徳川家への復讐心が原因とする説明は心もとない。そもそも、島津家は関ヶ原で敗れてはいるが、領地の削減はされておらず、徳川家を深く恨む筋合いはあまりない。むしろ、薩摩藩第5代藩主・島津継豊《つぐとよ》が5代将軍・徳川綱吉《つなよし》の養女・竹姫を正室に迎えるなど、徳川家との関係は強いものだった。その後も、8代藩主・島津重豪《しげひで》の娘・茂姫が11代将軍・徳川家斉《いえなり》に、11代藩主・島津斉彬《なりあきら》の養女・篤姫《あつひめ》が13代将軍・徳川家定《いえさだ》に嫁いでいる。

薩摩藩もまた、当初から倒幕を望んでいたわけではない。幕末に薩摩藩を支配した島津久光は、文久2年（1862）に江戸に赴き、幕政改革に尽力している。薩摩藩が倒幕に傾くのは、西郷隆盛《さいごうたかもり》や大久保利通《おおくぼとしみち》ら下級武士が台頭したことや、イギリスとの協力関係ができたことなどによる。明治維新への流れは、300年近くも前の「関ヶ原の恨み」などではなく、複雑な国内政治情勢や国際関係の中で説明されるべきことなのだ。

	大名	旧領	旧石高	新領	新石高	増加分
外様	九鬼守隆	志摩鳥羽	3	志摩鳥羽	5.5	2.5
	古田重勝	伊勢松坂	3.5	伊勢松坂	5.5	2
	一柳直盛	尾張黒田	3.5	伊勢神戸	5	1.5
	徳永寿昌	美濃高松	3	美濃高須	5	2
	稲葉貞通	美濃八幡	4	豊後臼杵	5	1
家門	松平忠吉	武蔵忍	10	尾張清洲	52	42
	結城秀康	下総結城	10.1	越前福井	67	56.9
	武田信吉	下総佐倉	4	常陸水戸	15	11
	松平忠輝	武蔵深谷	1	下総佐倉	5	4
譜代	井伊直政	上野箕輪	12	近江彦根	18	6
	鳥居忠政	下総矢作	4	陸奥磐城平	10	6
	奥平信昌	上野小幡	3	美濃加納	10	7
	奥平家昌	—		下野宇都宮	10	10
	平岩親吉	上野厩橋	3.3	甲斐府中	6.3	3
	松平忠政	上総久留里	3	遠江横須賀	6	3
	石川康通	上総鳴戸	2	美濃大垣	5	3
	松平忠頼	武蔵松山	2.5	遠江浜松	5	2.5
	小笠原秀政	下総古河	3	信濃飯田	5	2
	本多康重	上野白井	2	三河岡崎	5	3
	本多忠朝	—		上総大多喜	5	5
減封	毛利輝元	安芸広島	120.5	長門萩	29.8	-90.6
	上杉景勝	陸奥会津	120	出羽米沢	30	-90
	佐竹義宣	常陸水戸	54.5	出羽秋田	18	-34.9
	秋田実季	出羽秋田	5.2	常陸宍戸	5	-0.2

関ヶ原合戦の戦後処理（5万石以上）

	大名	旧領	旧石高	新領	新石高	増加分
外様	前田利長	加賀金沢	83.5	加賀金沢	119.5	36
	蒲生秀行	下野宇都宮	18	陸奥会津	60	42
	伊達政宗	陸奥岩出山	58	陸奥岩出山	60	2
	最上義光	出羽山形	24	出羽山形	57	33
	黒田長政	豊前中津	18	筑前福岡	52.3	34.3
	池田輝政	三河吉田	15.2	播磨姫路	52	36.8
	加藤清正	肥後熊本	19.5	肥後熊本	51.5	32
	小早川秀秋	筑前名島	35.7	備前岡山	51	15.3
	福島正則	尾張清洲	20	安芸広島	49.8	29.8
	細川忠興	丹後宮津	18	豊前小倉	39.9	21.9
	浅野幸長	甲斐府中	16	紀伊和歌山	37.6	21.6
	田中吉政	三河岡崎	10	筑後柳川	32.5	22.5
	堀尾忠氏	遠江浜松	12	出雲松江	24	12
	山内一豊	遠江掛川	6.8	土佐高知	20.2	13.4
	加藤嘉明	伊予松前	10	伊予松山	20	10
	藤堂高虎	伊予板島	8	伊予今治	20	12
	中村一忠	駿河府中	14.5	伯耆米子	17.5	3
	生駒一正	讃岐高松	6.5	讃岐高松	17.1	10.6
	寺沢広高	肥前唐津	8.3	肥前唐津	12.3	4
	京極高知	信濃飯田	10	丹後宮津	12.3	2.3
	里見義康	常陸鹿島	9	安房館山	12	3
	真田信之	上野沼田	2.7	信濃上田	9.5	6.8
	富田知勝	伊勢安濃津	5	伊勢安濃津	7	2
	池田長吉	近江国内	3	因幡鳥取	6	3
	有馬豊氏	遠江横須賀	3	丹波福知山	6	3
	金森長近	飛騨高山	3.8	飛騨高山	6.1	2.3

※各大名は新領の石高順で並べた。石高＝万石

参考文献

『関ヶ原合戦公式本』小和田泰経著（学研パブリッシング）
『徳川家康と関ヶ原の戦い』本多隆成著（吉川弘文館）
『関ヶ原合戦と石田三成』矢部健太郎著（吉川弘文館）
『関ヶ原前夜』光成準治著（ＮＨＫブックス）
『関ヶ原合戦と大坂の陣』笠谷和比古著（吉川弘文館）
『関ヶ原合戦』笠谷和比古著（講談社文庫）
『図解戦国名合戦時々刻々』小和田哲男著（メディアファクトリー）
『地図で読み解く戦国合戦の真実』小和田哲男監修（小学館）
『戦国合戦事典』小和田哲男著（ＰＨＰ文庫）
『謎解き関ヶ原合戦』桐野作人（アスキー・メディアワークス）
『新「関ヶ原合戦」論 定説を覆す史上最大の戦いの真実』白峰旬著（新人物往来社）
『改訂新版 敗者から見た関ヶ原合戦』三池純正著（洋泉社）
『フィールドワーク関ヶ原合戦』藤井尚夫著（朝日新聞出版）
『西美濃と大垣 関ヶ原合戦回顧』清水春一著（大垣市文化財保護協会）
『大垣城の歴史』清水進著（大垣市文化財保護協会）
『大谷刑部のすべて』花ヶ前盛明著（新人物往来社）
『黒田官兵衛・長政の野望』渡邊大門著（角川選書）
『島津義弘の賭け』山本博文著（中公文庫）
『日本戦史 關原役』参謀本部
『日本戦史 關原役附表附図』参謀本部

イースト新書Q

Q030

関ヶ原合戦《せきがはらかっせん》の謎《なぞ》99

かみゆ歴史編集部《れきしへんしゅうぶ》

2017年7月20日　初版第1刷発行

執筆協力　稲泉知、上永哲矢、野中直美、三城俊一、山本ミカ
DTP　松井和彌
発行人　北畠夏影
発行所　株式会社イースト・プレス
東京都千代田区神田神保町2-4-7
久月神田ビル　〒101-0051
Tel.03-5213-4700　fax.03-5213-4701
http://www.eastpress.co.jp/
ブックデザイン　福田和雄（FUKUDA DESIGN）
印刷所　中央精版印刷株式会社

ISBN978-4-7816-8030-9